괴델·비트겐슈타인 논술 시리즈

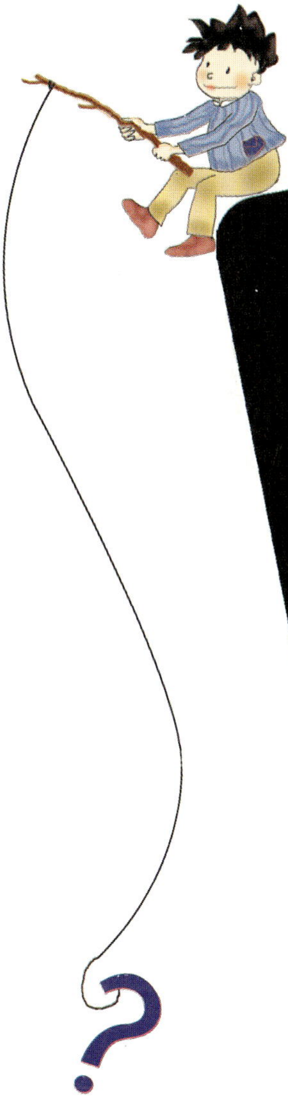

초등학생을 위한

수리 논술 탐구

Mobile Math project 지음

탐구당

서 문

논술학습에서의 히딩크 레슨 그리고 그 중요성과 필요성:

우리 한국의 속담 중에는 이런 말이 있다. “세 살 적 버릇 여든까지 간다.” 중요하고 또 한편으론 무서운 말이다. 어릴 때 버릇이 잘못 들면 참으로 고치기 어렵다는 말이다. 그러니 어릴 때부터 좋은 버릇을 아이에게 심어주는 것이 참으로 중요한 것이다. 그리고 그런 좋은 버릇을 심어 주는 것이 바로 교육이 아닌가.

그런데, 여기 우리가 버릇이라는 단어를 좀 더 넓고 긍정적인 의미로 음미해 볼 필요가 있다. “버릇”하면 우린 우선적으로 “나쁜” 버릇을 말할 때 쓰는 경우가 많다. 좋은 버릇이란 말은 거의 잘 쓰여지지도 않는다. 아마도 좋은 버릇은 좀 더 의식적으로 장시간을 두고 연마하여야만 되기 때문일 것이다. 그에 비해 나쁜 버릇은 노력 없이 저절로 만들어 지는 면이 있다. 우린 기차나 버스 대합실에서 어머니가 어린 아들한테 “넌 코를 후비는 나쁜 버릇이 있어” 또는 그런 유사한 가벼운 야단을 치는 장면을 목격하는 것이 어렵지 않다. 여기에서의 버릇에는 “무심코” 자기도 모르게 자꾸 손이 자기 코로 간다는 의미가 내포되어 있다. 즉, 의식하지 않고 자동적으로 일어나는 어떤 행동을 지칭한다. 그런 나쁜 버릇을 바꾼다든지, 또는 다른 좋은 버릇, 즉 걸음을 잘 곧게 걷는다든지, 자세를 바르게 앉는다든지 하는 것은 모두 노력이 필요하다. 자꾸 노력을 하다 보면, 시간이 가면서 자동적으로 의식적으로 노력하지 않더라도 바른 자세와 곧은 걸음걸이를 얻게 된다. 그렇게 되기 위해서는 정신을 집중한 의식적인 노력, 즉 그런 바른 자세를 얻기 위한 계속적인 연마가 필요하다. 우리는 기억이라는 단어를 의식으로 retrieve할 수 있는 저장물만을 지칭하는 경우가 많은데, 사실은 우리 몸의 근육질도 기억을 한다. 다만 근육질의 기억은 의식으로 retrieve

하는 것이 아니라 오랜 반복을 통해 육체의 근육질 속에 hardwire되는 것이 다를 뿐이다. 그래서 한번 제대로 배운 스케이트 타기나 자전거 타기는 한 번 배워 놓으면 10년 이상의 공백기가 있어도 다시 타는데 아무런 문제가 없다.

생각하는 데도 나쁜 버릇이 있고 좋은 버릇이 있다. 차근차근 따져가면서, 아니 다져가면서, 생각을 전개하는 것은 좋은 버릇이지만, 그런 차분히 마음을 가라 앉혀 따져보는 것을 거부하고 급한 마음으로 대충대충 어떤 선입관에 의한 공식적인 결론에 도달하는 엉성한 생각의 전개는 나쁜 버릇이라고 부를 수 있을 것이다.

다시 말하자면, 생각하는 방법의 좋은 버릇은 좋은 자세나 좋은 걸음걸이의 버릇을 획득하는 것만큼이나 의식적으로 반복하는 계속적인 연마가 필요하다는 점이다.

논술의 뿌리는 일상 생활에서의 침착하게 따지며 다져가는 생활 태도에서 비롯한다는 것을 인식하는 것이 중요하다. 그렇다면 차근차근 따져보는 그 따짐의 게임법칙을 논리라고 부른다면, 그 논리는 평범하면서 범우주적인 것으로 모든 각 분야에서의 전문적 사유의 특수 논리들 조차도 우선적으로 전제하는 것이다. 그렇기 때문에, 논술은 고3이 되어서야 벼락치기로 시험공부 한다고 잘 되는 것이 아니라, 평소 상식적으로 차분히 따져보는 습관에서부터 시작하여야 하지 않을까. 그러자면, 우리 한국사회에 만연되어 있는, "나한테 따지는 거야?"라고 화를 내며 시비조로 눈을 부라리는 일이 없어져야 할 것이다. 따지는 것이 뭐가 나쁜가? 자기도 그 따짐에 자신의 모든 창의력과 지적 능력을 동원하여 멋

서 문

있게 반론을 제시하면 되는 게 아닐까?

논술의 기초법칙이라고 할 논리적 사고의 전개는 어려서부터 기초를 다져 생활화해야 되고, 그것은 바로 기초학습능력의 계발로 연계되는 것이 아닐까?

2002년 히딩크 감독이 한국대표축구팀을 맡으면서, 선수 선발시 기초체력을 우선시 했듯이, 육체적인 운동에서만이 아니라 두뇌를 쓰는 지적 능력의 여러 분야로의 계발을 위해서도 지적인 기초 체력(그것을 지력이라고 부르자)의 다짐과 연마도 못지 않게 중요한 것이다. 그런데 오늘날 한국의 교육 전 과정에서 이렇게 중요한 기초지력연마를 게을리하고 1회용 수험준비만 시키는 것은 교육의 본연의 목적을 저버리고 진정한 의미에서의 교육을 포기한 것이 아닐까?

홍가이

소개의 글

초등 통합형 수리논술에 들어가며,

논술 문제에 대한 접근

초등학교나 중학교의 수학시간에서 언급되는 전형적인 수학 문제는 정답이 하나뿐이라는 공통점이 있습니다. 답이 맞는지 아닌지, 아니면 덜 완성되었는지 출제자는 금새 알 수 있습니다. 이 경우 정답은 유일합니다.

교실에서 학습되지 않은 내용은 문제의 내용에 포함되지 않는 것이 대부분 당연하게 여겨져 왔고, 새로운 내용에 대한 언급은 마치 출제자와 문제를 풀어야 하는 학생 사이의 계약 위반인 것처럼 여겨지기도 했습니다. 이것은 요즘 일부 대학에서 제시한 수리논술 예시문항에 대한 일선 교사와 학부모, 그리고 당사자인 학생들 사이에서 터져 나오는 반응을 그대로 표현하고 있는 것이기도 합니다. 그럼 교육과정에서 다루어 지지 않은 수리논술과 같은 통합적 또는 다면적 사고에 대한 논제를 제시한 대학 관계자는 무책임한 계약 위반자일까요? 이에 대하여 한 번쯤 생각해 보아야 합니다.

빠르게 변화하는 21세기 정보화 사회에서는 누적된 지식의 많고 적음을 갖고 현실의 문제를 해결해 나갈 준비가 얼마나 되어 있다고 말할 수 없습니다. 기존의 알려진, 그리고 확보된 정보를 통해 전혀 새로운 상황을 헤쳐 나가야 하는 것입니다. 이것은 단순한 발전을 위한 것이 아니라 생존을 위한 것입니다. 수세기에 걸쳐 누적된 지식을 그저 얼마나 암기하고 있느냐를 측정해서는 현재 또는 미래를 이끌어갈 인재를 찾아낼 수 없습니다. 이러한 사회적 요청에 부응하여 우수한 인재를 찾아 내어 교육을 시키고자 하는 대학 측의 희망을 사교육 열풍을 염려하여 비난만 하기에는 무리가 있습니다. 오히려 진정한 인재를 키워낼 수 있는 진화된 단계로 나아가는 과정이라 생각하는 것이 적절합니다.

통합형 수리논술의 출현

서울대, 연세대, 고려대, 이화여대 등 최근 대학에서 제시한 수리논술 예시문항은 고등교육을 받은 일반인이 보기에도 난해해 보이고 당황스럽기조차 합니다. 기존의 교육 과정에서는 다루어지지 않았기 때문입니다. 하지만 문제 자체는 현실적이고 사회에서 진정으로 필요한, 사회 구성원이라면 누구나 한 번쯤 고민했어야 하는 문제들입니다. 이러한 문제에 대한 모범답안을 제시하는 것이 쉬운 일은 아닙니다. 단기간의 사교육을 통해 얻어지는 효과가 일시적으로 있을 수 있다 하더라도, 이보다는 초등, 중등 과정에서 자연스럽게 형성된 통합적/다면적 사고 방식이 장기적으로는 바람직하다 할 것입니다. 이것이 이 책의 집필 동기이기도 합니다.

책의 구성

통합적/다면적 사고를 자연스럽게 경험하게 하되, 수학적 흥미를 유도할 수 있는 내용이 되도록 구성하다 보니 교과서나 기존 책에서 언급되지 않은 새로운 내용이 많이 채워질 수 밖에 없었습니다. 이 중 일부는 초등생의 교육과정을 넘는 내용도 있으나 초등생도 자연스럽게 받아 들일 수 있도록 이야기 형식으로 꾸며 보았습니다. 하지만 전체적으로는 논제를 제시하고 이에 대한 학생의 다양한 답변을 유도할 수 있도록 주제별로 각 부분을 구성하였습니다.

소개의 글

사고의 기초가 형성되는 시기이므로 흥미를 잃지 않으면서 통합적/다면적 사고를 효과적으로 경험할 수 있게 하는 것이 이 책의 목적입니다. 이러한 취지에 적합한 논제가 게임과 관련한 문제에 의외로 많다는 결론을 얻어 이를 반영하였습니다. 또 정답이 하나로 단정 지어지는 문제는 되도록 지양하고, 다양한 답변이 나올 수 있도록 유도하기 위해 기존의 수학 예제들에서 다루어 지지 않은 형식의 논제들을 시도하였습니다. 이것은 일종의 모험일 수도 있으나 논술 교육이 앞으로 나아 가야 할 방향이라는 확신이 있었기에 가능한 일이었습니다.

책의 내용은 크게 논리적 사고, 대수적 사고, 공간적 사고, 통합적/다면적 사고로 분류할 수 있습니다. 아직 수학의 분야별 학습이 이루어지지 않은 단계에서 통합적 사고를 경합하게 한다는 것은 다소 무리가 있을 수 있습니다. 따라서 학생 스스로가 기본 논리를 찾아 자신의 것으로 연마시킬 수 있는 기회가 되도록 하는데 주안점을 두었습니다.

논리적 사고

논리적 사고를 염두에 두고 구성된 13개의 논제는 기존의 수학 관련 도서에 널리 알려진 주제도 있지만 새롭게 시도된 내용들이 게임, 이야기, 수수께끼 등의 형식으로 구성되어 있습니다. 모든 사고의 기본인 동시에 성장과정을 통해 자연스럽게 접할 수 있는 내용을 학생들이 낯설지 않게 받아 들이도록 하였습니다. 이 중 일부는 일반인도 함께 생각하게 하는 난이도 있는 내용도 있으니 부모님과 지도교사는 함께 생각해 보며 서로의 생각을 주고 받는 기회로 삼아도 좋을 것입니다. 이 때 일방적으로 해결방안을 제시하는 것은 논제의 개방성을 사라지게 하므로 될 수 있는 한 학생이 스스로 자신의 논리를 찾도록 독려해 주는 것이 필요합니다.

대수적 사고

수리적 사고를 기반으로 한 통합적/다면적 사고의 형성을 염두에 두고 내용을 구성하다 보니 수학의 기본인 산술적인 요소를 배제할 수 없었습니다. 하지만 기존에 소개된 단순한 주관식 문제의 형식 보다는 수수께끼나 퀴즈 등의 흥미로운 형식을 취하였습니다. 더불어 음수와 양수 등 초등학생에게 교과과정에서 소개 되지 않은 부분을 이야기 형식으로 풀어 자연스럽게 받아 들이도록 하였습니다.

공간적 사고

많은 학생들이 공간적 사고에 대한 거부감을 갖습니다. 따라서 게임이나 퀴즈 형식으로 구성을 하되, 논리적 과정 보다는 직관적 추측을 유도하며 흥미를 느끼게끔 구성하였습니다.

통합적/다면적 사고

이 책의 주 목적인 통합적/다면적 사고를 학생들이 자연스럽게 접할 수 있도록 다양한 형식으로 논제를 구성하였습니다.

앞 부분에서 시도된 게임과 퀴즈, 이야기 형식과 더불어 토론이 자연스럽게 유도되도록 구성한 부분(개성 상인과 인삼), 일상에서 흔히 접할 수 있는 부분에서 수리적 사고가 유도되도록 연상과 다면적 사고를 의도한 부분(바나나는 몇 개의 면을 가지고 있을까?, 바나나를 자르는 여러 가지 방법), 수학과 문학을 연결시켰던 기존 인물이라는 소재를 통해 통합적 사고의 유용성을 제시한 부분(시와 과학) 등이 있습니다.

규격에 맞는 답 보다는 다양한 의견이 나올 수 있도록 하는 부분에 주안점을 두었으므로 학생 스스로 답을 찾아 가는 과정에 집중하도록 하고 그 과정에서 스스로의 논리를 세울 수 있도록 하는 것이 중요합니다. 또 한가지의 방법만 있는 것이 아니라 여러 가지 방법이 있을 수 있다는 것을 인식하도록 하는 것이 필요하지만, 인류의 역사와 더불어 발전해 온 수학의 효용성에 대한 인식의 계기가 되도록 한 부분(러시아 농부의 곱셈)도 강조하고 싶습니다.

목표

만일 지도하는 학부모와 교사가 한가지의 방법만 옳은 것이라 한다면 문제의 개방성은 사라지게 됩니다. 주어진 문제에 대한 많은 답을 이용하고, 학생들이 습득한 다양한 지식과 방법, 사고방식을 결합하며 학습이 이루어 지는 것이 바람직합니다.

더불어 다음과 같은 경험을 학생 스스로 또는 지도하는 부모님과 교사가 함께 할 수 있는 기회를 마련하는 것이 이 책의 바람입니다.

- 학생이 자신의 수준에서 끌어 낼 수 있는 모든 능력을 동원해 보는 것
- 기초적인 논리적 유추를 경험해 보고 이것이 논제 해결로 연결되는 것
- 기존의 틀에 박힌 사고가 아닌 효과적인 사고를 경험해 보는 것
- 참신하고 창의적인 사고를 경험해 보는 것

이러한 부분에 대한 동기 부여가 되고 용기를 북돋울 뿐 만 아니라, 수학적 사고를 이해하는데 필요한 개념적 기반을 제공할 수 있도록 이 책이 학생 모두에게 도움이 되기를 바랍니다.

활용학습

이책을 효과적으로 읽으려면 …

논술이라는 취지에 부합하여 학생들의 실력 향상에 도움이 될 수 있도록 다음과 같은 방법을 제시해 봅니다.

1 글을 읽고 이해하기

먼저 주어진 내용을 잘 이해하고 논제에서 요구하는 답변이 무엇인지 파악해야 합니다.

2 해법에 대한 다양한 접근 방법 찾기

논제에 대한 풀이 방법은 다양할 수 있으므로 여러 사람과 의견을 교환하며 창의적인 방안을 찾는 것도 바람직합니다.

3 자신의 생각을 글로 써보기

가장 중요한 자신의 생각을 정리하여 글로 쓰는 과정입니다. 생각의 요점이 무엇인지 분명히 전달할 수 있어야 하며 수리 논술의 특성상 숫자나 기호의 표기도 정확하게 이루어 지도록 주의해야 합니다. 같은 논제에 대하여 시간을 두고 여러 번 글쓰기가 이루어 진다면 더욱 좋은 결과가 얻어질 수 있습니다.

4 검토

글쓰기가 끝난 후 주변 친구들, 혹은 부모님이나 선생님과 함께 토론을 하며 자신의 생각이 글로써 효과적으로 전달되고, 논제에 대한 답안을 제대로 나타냈는지 확인합니다. 이 과정에서 지도하시는 분은 학생의 사고가 옳고 그름만 따지는 이분법적 사고를 지양하도록 하고 균형 잡힌 시각을 유지하도록 독려해야 하며 전반적으로 통합적이고 다면적인 사고를 할 수 있도록 이끌어야 합니다.

차 례

차 례

1

논리적 사고

논리적 사고

1 누가 거짓말을 할까요?

현우는 평소에는 진실을 말하지만 금, 토, 일요일마다 거짓말을 합니다. 정수는 평소에는 진실을 말하지만 화, 수, 목요일만 되면 거짓말을 합니다. 만약 둘이 동시에 "난 어제 거짓말을 했어."라고 말한다면 오늘은 무슨 요일일까요?

2 영희의 호두과자

어느 날 영희는 호두과자 한 봉지를 사서 동생인 영주와 나누어 먹으려 (영주는 호두과자를 좋아합니다.) 집으로 걸어 오고 있었습니다. 길의 한 쪽에서 영희는 무척이나 가난해 보이는 사람 두 명을 만났습니다. 영희는 가방에서 호두 과자 몇 개를 꺼내 그들에게 나누어 주기로 했습니다. 영주에게는 호두 과자가 많이 필요하지 않기 때문입니다. “여기요.” 영희가 말했습니다. “필요하시면 제 호두 과자 중의 절반을 가져가셔도 좋아요.” 그 가난한 사람들은 호두 과자를 받고는 매우 기뻐했습니다. 영희는 잠시 동안 생각하고 말했습니다. “각각 한 개씩 더 가져 가세요.” 그래서 영희는 호두 과자 두 개를 그들에게 더 주었습니다.

영희가 해변을 따라서 걸어오는 동안 몇 명의 파도타기 선수들이 물에서 나왔습니다. 그들은 호두 과자의 냄새를 맡고는 영희에게 부탁했습니다. “호두 과자 몇 개 줄 수 있어요? 파도타기를 해서 무척이나 배가 고프거든요." 상상하는 대로 영희는 마음씨가 고왔고 운동 후에 얼마나 배가 고픈지를 잘 알고 있었기에 몇 개의 호두 과자를 그들에게 주었습니다. 그들은 영희의 가방에 남아 있는 호두 과자 중의 반을 꺼냈습니다. 그리고 조금 후에 두 개의 호두 과자를 더 가져갔습니다.

이제 영희는 다른 사람을 돕는 것을 즐기는 사람이 되었습니다. 영희는 동생인 영주에게 줄 호두 과자가 아직 남아 있다고 생각했습니다. 계속 집으로 가는 동안 영희는 다른 사람을 만났습니다. 영희는 친구인 수영이를 보았습니다. 둘은 반갑게 인사를 나누었습니다. 수영이는 자신이 지금 가족들에게 줄 호두 과자를 사러 가는 중이라고 말했습니다. 수영이는 급해 보였습니다. 영희는 그런 수영이가 안타까워서 "내가 지금 호두 과자를 가진 게 있는데 내 호두 과자를 좀 줄까?"라고 말했습니다. 그래서 수영이는 영희의 가방에 있는 호두 과자 반과 두 개를 더 가져갔습니다.

영희는 이제 다른 사람을 만나지 않고 집으로 돌아왔습니다. 집에 돌아와 가방을 열

었더니 가방에는 호두 과자가 딱 두 개만 남아 있었습니다! 영희가 한 개를, 동생인 영주가 한 개를 먹자 호두 과자는 바닥이 났습니다. 호두 과자를 먹고 난 후에 영희는 호두 과자가 처음에는 몇 개나 있었는지 생각해 보았습니다. 영희는 영주에게 해변에서부터 집까지 오면서 일어났던 일을 자세하게 말했습니다.

영희는 만약 영주가 이 문제를 맞춘다면 내일 공원에 가서 롤러 블레이드를 탈 것이라고 약속했습니다. 시간이 조금 지나자 영주는 문제를 맞추었고 그래서 약속대로 롤러 블레이드도 탔습니다. 영주의 답은 무엇이었을까요?

3 신기한 마술

한 마술사가 테이블 위에 열 개의 동전을 던지고는, 테이블을 한 번 보고 뒤돌아 섰습니다. 그는 관객 중 지원자 한 명을 올라오게 해 동전 중 아무거나 두 개 뒤집고 그 중 한 개 위에 손을 얹으라고 했습니다. 마술사는 돌아서서 동전들을 한 번 보고, 지원자가 가리고 있는 동전은 앞면이라고 말합니다. 손을 치웠을 때 동전은 놀랍게도 정말 앞면이었습니다!

이런 일이 어떻게 가능할까요?

4 부자 만들기

할 수 있는 한 많은 돈을 모아 봅시다. 시작점에 들어가서 도착점으로 나오고, 각 방은 한 번씩만 지나가야 합니다.

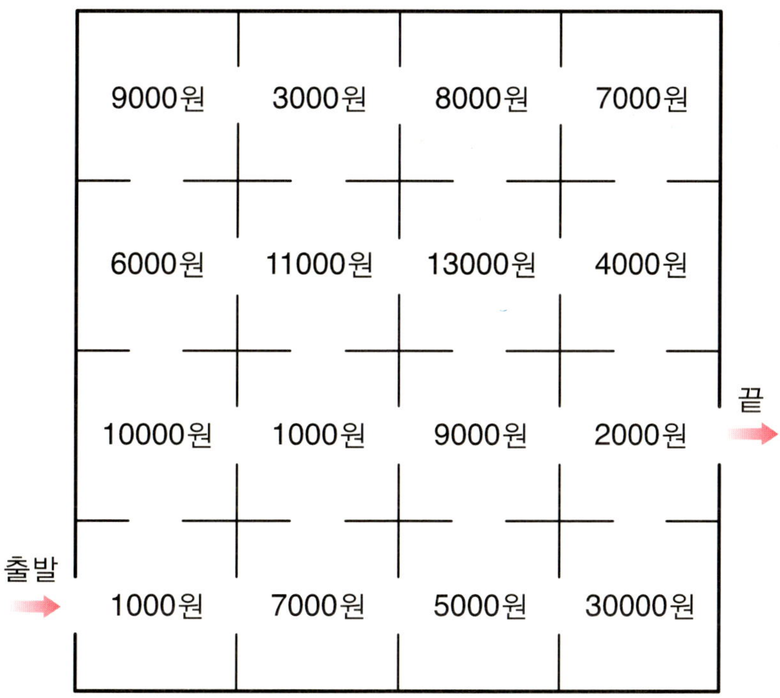

5 고리고리

고리 5개를 이용해 고리 외부의 무한대로 펼쳐진 조각을 제외하고 평면을 15개의 조각으로 나누었습니다. 이 조각들 안에 1부터 15까지 숫자들을 배열하여 각 고리 안 숫자들의 합이 39가 되도록 해보세요.

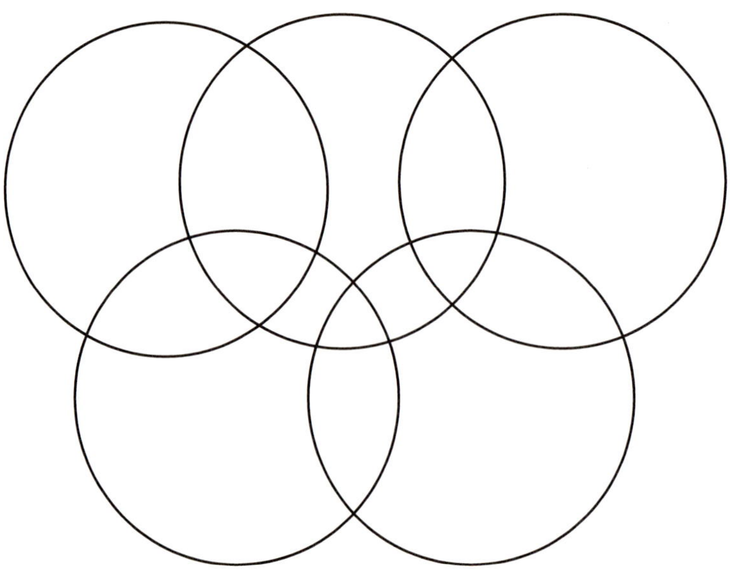

6 체커판 만들기

체커판에서 반대편의 두 개의 모서리 칸을 없애 봅시다. 남은 62칸을 크기가 2×1인 조각 31개로 덮을 수 있는지 토론해 보세요.

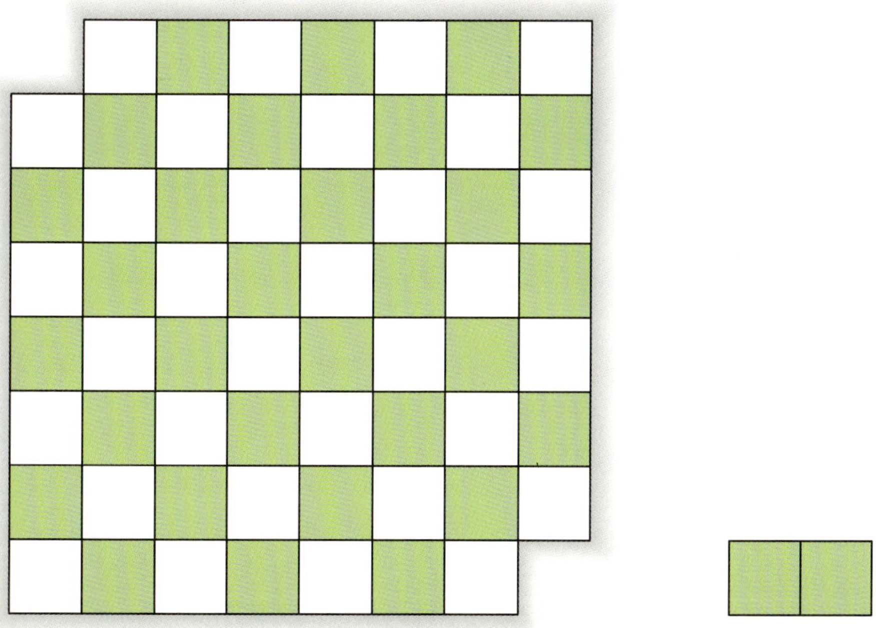

7 민지의 이상형

민지의 이상형은 키가 크고, 거무스름하고, 잘생긴 사람입니다. 그녀에게는 에릭, 민우, 혜성, 진수 4명의 남자 친구가 있습니다. 네 명중 한 명은 민지가 원하는 특징을 모두 가지고 있습니다. 다음은 친구들에 대한 설명입니다.

[1] 4명의 남자 친구 중 오직 세 사람만 키가 크고, 오직 두 사람만 거무스름하며, 오직 한 사람만 잘 생겼습니다.

[2] 네 남자 친구 각각은 적어도 원하는 특징을 한 가지씩은 가지고 있습니다.

[3] 에릭과 민우는 피부색이 같습니다.

[4] 민우와 혜성이는 키가 같습니다.

[5] 혜성이와 진수는 모두 크진 않습니다.

네 명 중 어떤 남자 친구가 민지가 원하는 것을 모두 만족시키는 이상형일까요?

8 거짓말쟁이 원주민은?

어떤 섬에 두 부족이 살고 있습니다. 한 부족 사람들은 모두 진실만을 말하고, 다른 부족 사람들은 거짓말만 합니다.

한 선교사는 이 중 두 명의 원주민을 만났습니다. 한 명은 키가 컸고, 다른 한 명은 키가 작았습니다. 선교사는 그 중 키가

큰 사람에게 "자네는 진실을 말하는 자인가?"라고 물었습니다. 키가 큰 원주민은 "Ooof"라고 대답했습니다. 선교사는 이 말이 원주민의 언어로 예 아니면 아니오를 뜻한다는 것을 알고 있었지만, 그 중 어느 것인지는 기억하지 못했습니다.

키가 작은 원주민은 영어로 의사소통이 가능해 선교사는 그에게 키가 큰 원주민이 뭐라고 했는지 물어보았습니다.

"예라고 답했지만 그는 거짓말쟁이에요"라고 키가 작은 원주민이 말했습니다.

각 원주민은 어떤 부족에 속하는지 곰곰히 생각해 보고 설명해 보세요.

9 오래된 토스터기

서진이네는 구식 토스터기를 쓰고 있습니다. 한 번에 식빵을 두 개씩 넣을 수 있고 각 식빵의 한쪽 면만 구워집니다. 다른 면을 구우려면 식빵을 꺼내어 반대로 돌리고 다시 토스터기에 넣어야 합니다. 식빵의 한쪽 면씩 굽는 데는 딱 1분이 걸립니다.

어느 날 아침 서진이 엄마는 식빵 세 개의 양쪽을 모두 구웠습니다. 서진이 아빠는 신문 위로 살짝 보고 식빵을 다 굽는데 4분이 걸리는 것을 보고는 미소 지었습니다.

“여보, 식빵 세 개를 3분 안에 구워서 전기세를 아꼈을 수도 있어” 라고 말씀 하셨습니다.

서진이 아빠의 말씀이 맞을까요? 어떤 방법으로 식빵 세 개를 3분 안에 구울 수 있을까요?

10 넥타이 맨!

미스터 브라운, 미스터 그린, 미스터 블랙은 같이 점심을 먹고 있었습니다. 한 명은 갈색 넥타이를 했고, 다른 한 명은 녹색, 나머지 한 명은 검은 색을 했습니다.

녹색 넥타이를 맨 사람은 말했습니다. "우리 넥타이는 모두 우리 이름과 같은 색이지만, 이 중에서 자기 이름과 같은 넥타이를 맨 사람이 없다는 걸 알고 있었나?"

"자네 말이 맞네!" 미스터 브라운이 말했습니다.

세 사람은 각각 무슨 색 넥타이를 하고 있었을까요?

11 추리

밀봉된 봉투 안에 한자리 수가 적힌 카드 한 장이 들어 있습니다. 다음 문장들 중 3개가 참이고, 다른 것들은 거짓입니다.

Ⅰ. 숫자는 1이다.
Ⅱ. 숫자는 2가 아니다.
Ⅲ. 숫자는 3이다.
Ⅳ. 숫자는 4가 아니다.

다음 중 어느 것이 반드시 옳다고 할 수 있을까요?

(A) Ⅰ은 참이다.
(B) Ⅰ은 거짓이다.
(C) Ⅱ는 참이다.
(D) Ⅲ은 참이다.
(E) Ⅳ는 거짓이다.

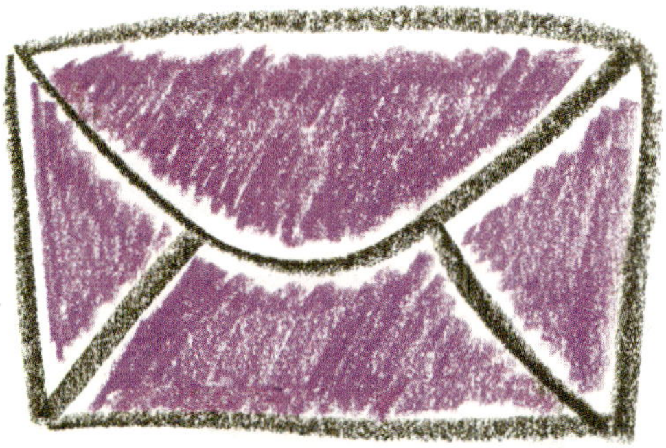

12 컵이 든 쟁반

아래의 그림과 같이 구멍 A, D, E, F에는 물이 담겨 있는 컵이 있습니다. 구멍 G, H에는 빈 컵이 있고 구멍 B, C에는 아무 것도 없습니다. 만약 쟁반의 정 가운데를 한 손으로 들게 된다면 균형이 잡히지 않을 것입니다. 단 한 개의 컵을 이동시켜서 쟁반의 균형이 잡힐 수 있도록 해보세요. (힌트: 4개의 컵은 물이 채워 있지요? 물을 이동시켜보는 것은 어떨까요?)

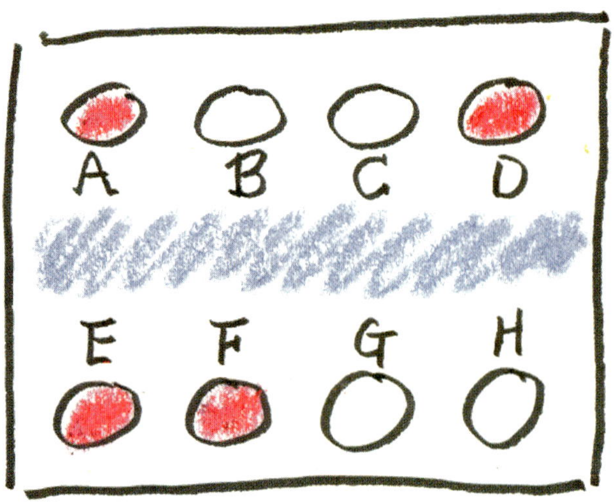

13 오각형을 찾아라!

그림처럼 합동인 정사각형과 오각형의 타일로 짜맞추어져 있는 평면이 있습니다. 이때 오각형의 타일로 맞추어져 있는 부분의 비율은 대략 얼마인지 설명해 보세요(%).

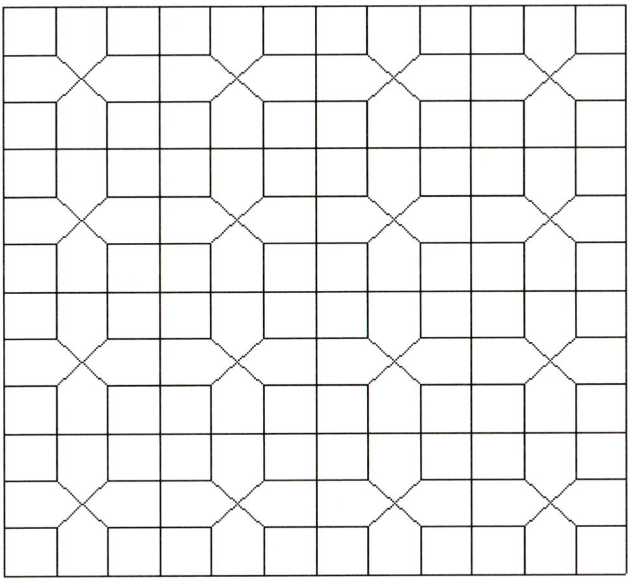

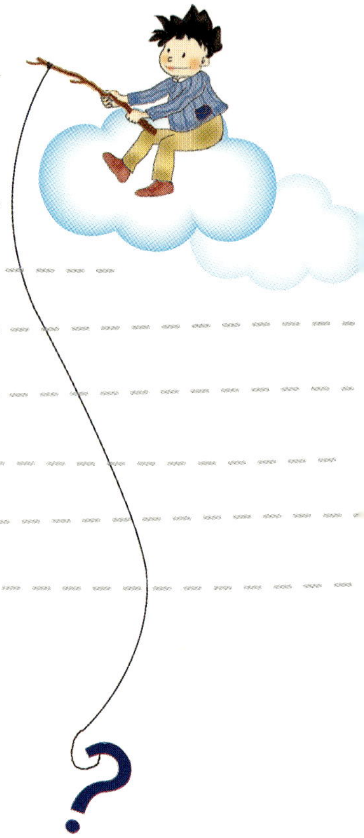

메모장

2

대수적 사고

14 똑똑한 주방장

다음의 이야기는 어떻게 양수와 음수가 작용하는지를 이해하는데 도움을 줍니다. 많은 사람들이 이 이야기를 처음 들은 이후로 몇 년 동안 계속 기억을 합니다. 그래서 이 이야기로부터 양수와 음수의 계산 규칙을 다시 생각해 낼 수 있습니다. 또한

이 이야기로부터 사람들은 규칙을 이해하게 될 것입니다.

아득한 옛날에 아주 맛있는 음식을 만드는 주방장이 있었습니다. 그는 아주 큰 솥에다가 음식을 만들고는 했는데 조리 과정은 매우 정교하고도 복잡했습니다. 음식의 조리 과정 동안 그는 향과 음식의 완벽을 위해 큰 솥의 온도를 바꾸어야 했습니다. 그는 솥에다 뜨거운 상자나 차가운 상자를 넣거나, 이미 솥에 들어가 있는 뜨거운 상자나 차가운 상자를 제거함으로써 솥의 온도를 조절했습니다.

차가운 상자는 녹지 않는 얼음 상자와 같았고, 뜨거운 상자는 열기를 잃지 않는 뜨거운 석탄과 같았습니다. 만약 솥에 들어 있는 뜨거운 상자의 개수와 차가운 상자의 개수가 같다면 솥의 온도는 0°가 될 것입니다.

각각의 뜨거운 상자가 솥에 들어가면 솥의 온도는 1° 씩 올라갑니다. 그리고 각각의 뜨거운 상자가 제거되면 솥의 온도는

1° 씩 내려갑니다. 이와 마찬가지로 각각의 차가운 상자가 솥에 들어가면 솥의 온도는 1° 씩 내려갑니다. 그리고 각각의 차가운 상자가 제거되면 솥의 온도는 1° 씩 올라갑니다.

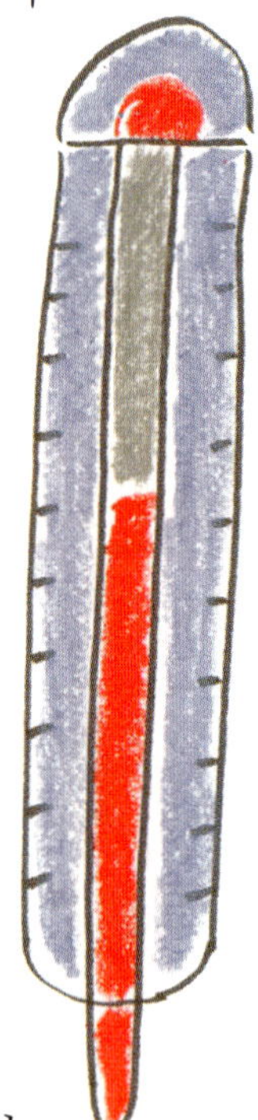

주방장은 온도를 맞추는 과정을 양수와 음수를 사용해서 기록했습니다. 예를 들어 4개의 뜨거운 상자와 10개의 차가운 상자를 솥에 넣으면 솥의 온도는 6°가 내려가게 될 것입니다.

이러한 과정과 결과를 $+4+(-10)=-6$ 이라고 씁니다. 이와 유사하게 3개의 뜨거운 상자를 넣고 2개의 차가운 상자를 솥에서 꺼내면 솥의 온도는 5°가 올라가게 될 것입니다. 이러한 과정은 $+3-(-2)=+5$라고 씁니다. 그리고 만약 $-5-(+6)=-11$이라는 식을 보면, 이것이 처음에는 5개의 차가운 상자를 솥에 넣고 그 다음 6개의 뜨거운 상자를 솥으로부터 꺼내었음을 알 수 있어야 합니다. 그래서 그 결과 솥의 온도는 11°가 내려 갑니다.

때때로 우리는 많은 온도를 높이거나 내려야 할 때가 있습니다. 그러나 상자를 하나씩 솥에서 넣거나 빼기는 원하지 않습니다. 그래서 온도의 큰 변화를 위해서는 상자들의 묶음을 사용할 필요가 있습니다.

예를 들어 만약 주방장이 온도를 100° 올리고 싶다면 한 묶음 당 20개의 뜨거운 상자가 들어 있는 5묶음을 솥에 넣으면 될 것이다. 그러면 뜨거운 상자 100개를 하나씩 100번 넣는 것과 같은 효과를 냅니다. 이러한 방법을 쓰면 시간을 절약할 수 있습니다. 주방장이 온도를 바꾸기 위해 상자의 묶음을 쓸 때, 우리는 그러한 일을 표현하기 위해 곱셈을 사용할 것입니다.

예를 들어 한 묶음 당 20개의 뜨거운 상자가 들어있는 5묶음을 솥에 넣은 것은 $+5\times(+20)=+100$ 이라 표현할 것입니다. +5는 다섯 묶음의 상자를 넣었음을, +20은 각 묶음에 20개의 상자가 있었음을 나타냅니다. 주방장은 상자들을 제거함으로써 솥의 온도를 내리고도 싶습니다.

대수적 사고

예를 들어 한 묶음 당 5개의 뜨거운 상자가 들어있는 3묶음을 솥에서 꺼내는 것은 $-3\times(+5)=-15$이라 표현할 것입니다. -3은 세 묶음의 상자가 꺼내어졌음을, $+5$은 각 묶음에 5개의 상자가 있었음을 나타냅니다.

1. 다음 설명된 주방장의 행동을 식으로 써보고 결과적으로 솥의 온도를 어떻게 변화시켰는지 말해 보세요.

a. 세 개의 차가운 상자가 솥에 넣어 지고 거기에 또 5개의 뜨거운 상자가 넣어졌습니다.

b. 5개의 뜨거운 상자가 솥에 넣어 지고 4개의 차가운 상자가 솥으로 부터 꺼내졌습니다.

c. 각 묶음 당 6개의 차가운 상자가 들어 있는 상자의 두 묶음이 솥에 넣어졌습니다.

d. 각 묶음 당 7개의 뜨거운 상자가 들어 있는 상자의 네 묶음이 솥으로부터 꺼내졌습니다.

e. 각 묶음 당 6개의 차가운 상자가 들어있는 상자의 세 묶음이 솥으로부터 꺼내졌습니다.

대수적 사고

2. 각각의 수식을 뜨거운 상자와 차가운 상자와 관련된 말로 설명해 보세요. 또한 결과적으로 솥의 온도는 어떻게 되는지도 말해 보세요.

a. $+4-(-3)$

b. $-6+(-4)$

c. $-10\times(-5)$

d. $+4\times(-8)$

15 함께 가요!

서부 횡단 여행 중의 마차가 잠시 휴식을 취하는 동안 한 여행자를 만났습니다. 여행자는 말에서 떨어져 자신의 행렬에서 뒤쳐지게 되었기에 마차의 주인은 그를 합류시키기로 하였습니다. 낯선 사람이 있기에 마차의 주인은 보유하고 있는 물의 양에 더욱 신경이 쓰였습니다. 앞으로 6일을 더 여행하면 강에 도착할 예정이고 강에서 물을 충분하게 얻을 수 있습니다. 또 여행자는 강에서 자신의 무리와 합류할 수 있습니다. 여행자를 받아 들이지 않는다면 한 사람당 하루에 3리터의 물을 사용할 수 있습니다.

1. 마차의 인원이 총 12명이라면 얼마의 물이 필요한가요?

2. 여행자를 받아 들이면 하루에 몇 리터의 물을 사용할 수 있습니까?

3. 마차의 인원이 총 20명이라 할 때 여행자를 받아 들이면 하루에 몇 리터의 물을 사용할 수 있습니까? 만일 총 x명이라면 어떻게 될까요?

16 과속은 절대 금지!!!

카레이서가 고속도로에 진입하여 12시 정각에 고속도로 카드를 받았습니다. 속력 제한은 65km/h입니다. 카레이서는 140km을 달린 후 오후 2시에 이 고속도로에서 나갔습니다. 카레이서는 고속도로 카드를 도로 직원에게 건네고 그것을 받은 직원은 즉시 경찰을 불렀습니다. 왜 그녀는 경찰을 불렀을까요? 카레이서가 법을 어겼다는 것을 그녀는 어떻게 증명할 수 있을까요?

17 난 코코아가 너무 좋아!

수학 선생님은 핫 초콜릿을 넣은 우유를 좋아합니다. 선생님께서는 항상 핫 초콜릿을 반 잔 마시고 컵을 우유로 채웁니다. 티스푼으로 휘휘 저은 후, 그 혼합물을 반 잔 마시고 다시 컵을 우유로 채웁니다. 이렇게 다섯 잔을 드십니다. 핫 초콜릿은 얼마나 남아 있을까요?

18 농부의 유언

한 농부는 그의 마지막 유언으로 그의 양들을 아들 4명에게 나누어 주라고 하였습니다. 첫 째는 무리 중 1/3을, 둘째는 무리 중 1/4을, 막내 둘은 각각 무리의 1/5을 물려 받으라고 했습니다.

아들들이 유언장을 읽었을 때, 그들 중 어느 누구도 정수 마리의 말을 받을 수 없어서 곤혹스러웠습니다. 그 때, 새끼 양이 태어났습니다. 각 아들들이 양을 정수 배로 받고 나니, 새끼 양이 남았습니다. 농부가 처음에 몇 마리의 양을 물려 주었는지 설명해 보세요.

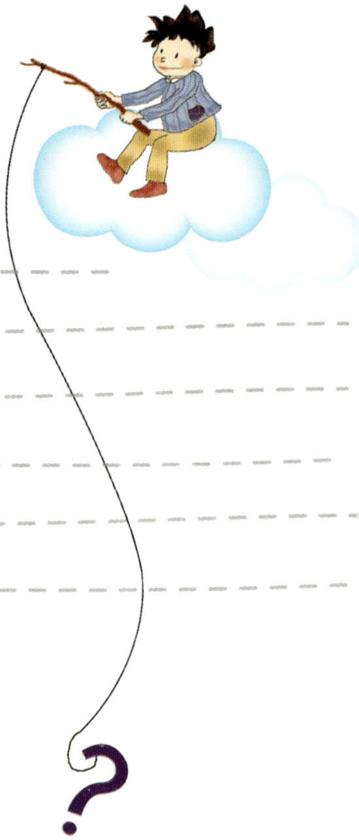

메 모 장

3

공간적 사고

19 박물관 지키기

박물관에 오직 직각 코너만 있다면, 경비가 몇 명이나 필요할까요? 그러한 박물관들을 지키는 데는 경비가 코너 수의 1/4 만큼 있으면 된다고 합니다. 아래의 예에서 박물관을 지키기 위해 경비들을 어디에 배치하면 좋을까요?

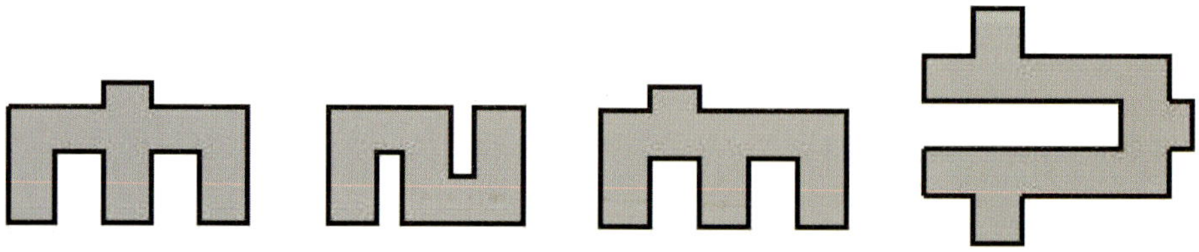

20 동글 둥글 댕글

한 그래픽 디자이너는 회사 이미지를 대표할 로고를 만들고 있습니다. 이 디자이너는 아래 그림에서 보이는 3개의 원에 모두 접하는 원을 만들고 싶어합니다. 얼마나 다양한 로고를 만들 수 있을까요? 원래 있는 원 3개는 배열을 달리 할 수 없습니다.

21 상자 속으로!!!

같은 블록을 다음과 같이 세 가지 관점에서 봅니다. '가' 가 쓰인 면과 평행하는 면에는 어떤 글자가 쓰여 있을까요?

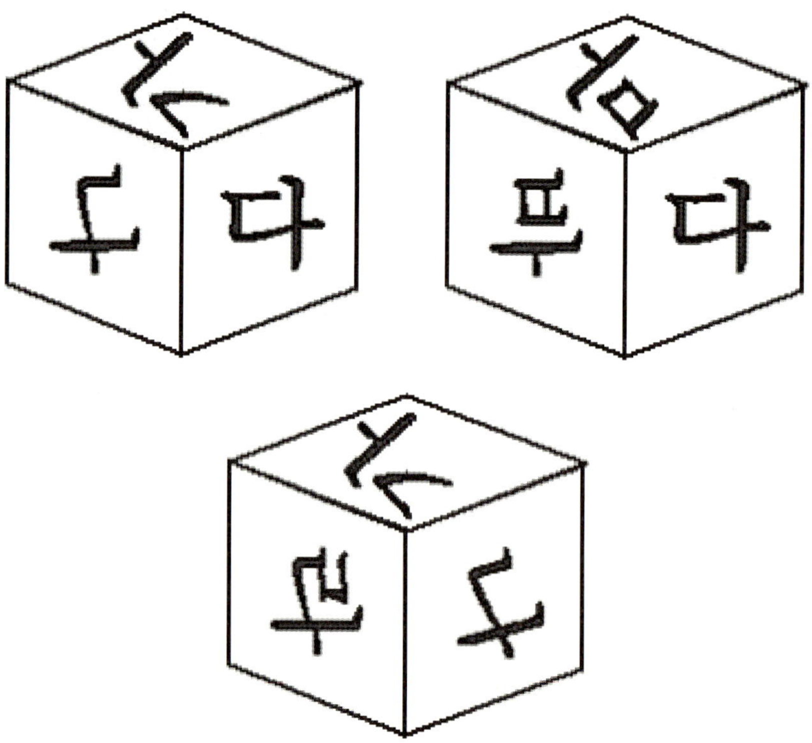

22 5조각 만들기

아래 그림은 20개의 단위 정사각형으로 구성되어 있습니다. 이 그림을 각각 4개의 정사각형으로 이루어진, 어떤 두 조각도 같은 모양이 아닌 5개의 조각으로 나누어 보세요.

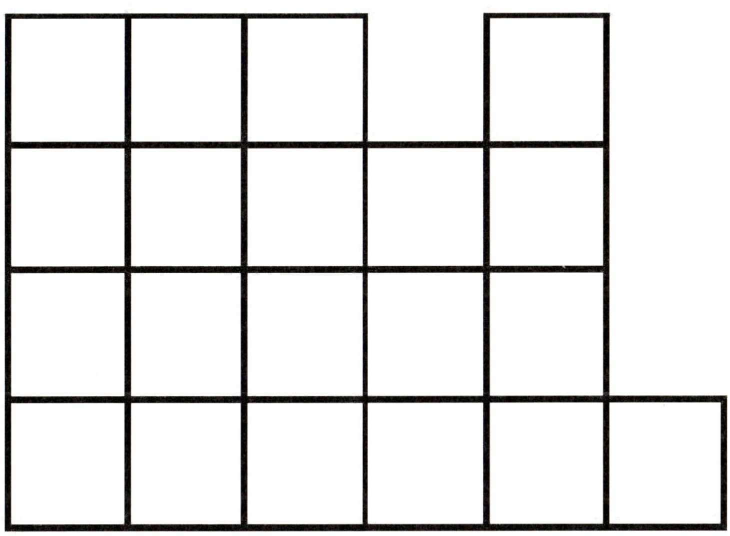

공간적 사고

23 해마의 무늬

유명한 화가가 합동의 동그란 종이 두 장에 똑같이 해마를 그렸습니다.

그런데 첫 원의 중심점은 해마 그림 하나와 겹치는데 두 번째 원은 그렇지 않습니다. 두 번째 원을 두 조각으로 잘라 이어 붙여 해마 그림이 원의 중심점과 겹치게 반지름을 똑같이 유지한 원을 만들 수 있을까요? 한 번 시도해 보세요.

4

통합적 · 다면적사고

통합적/다면적 사고

24 바나나는 몇 개의 면을 가지고 있을까요?

여러분이 부엌에서 무언가를 찾기 전에 이런 질문에 대해서 생각해보세요.

여러분들은 바나나가 몇 개의 면을 갖고 있는지 머리 속으로 그려볼 수 있나요?

만약 가게가 문을 닫고 집에도 바나나가 없을 때 아마도 기억력을 되살려야 하겠죠?

바나나는 언제나 같은 수의 면을 갖고 있을까요? 아니, 바나나는 심지어 면이라는 것을 갖고는 있을까요? 또한 바나나 에는 일정한 모양이라는 것이 있을까요?

여러분의 생각을 바나나에서 그치지 마세요.

이제 막 시작일 뿐입니다. 음식에는 매우 많은 모양이 있어요. 그것들을 무시하지 마세요.

부엌에는 대칭에 관한 놀라운 예들이 많답니다. 상상할 수 없을 정도로 말이죠.

사과를 들어보세요. 여러분 대부분은 이렇게 사과를 자른 다면 어떤 모양이 나올지 예상할 수 있습니다.

하지만, 평소와 다르게 자른다면 어떨까요?

여러분들이 자른 단면의 모양이 어떨지 예측할 수 있을까요?

또 다른 어떤 음식들이 사과와 같은 모양의 단면을 만들 수 있을까요?

부엌을 어슬렁거리기 시작해보세요. 누군가가 저녁을 준비할 때 야채를 잘라 달라고 부탁해 보세요.

양파를 양 쪽으로 잘라 보세요. 배추, 오이, 토마토도 좋답니다. 과일도 잘라 보세요.

아마 대칭에 관한 놀라운 것들을 많이 보게 될 거에요.

25 바나나를 자르는 여러 가지 방법

여기 또 다른 재미있는 실험이 있답니다.

여러분이 과일 샐러드를 만들어 달라는 부탁을 받았을 때 해 보세요.

아래 그림을 보세요. 바나나 껍질을 벗기지 않은 채 아래와 같이 잘라보세요.

그리고 이러한 모양의 조각을 만들어보세요.

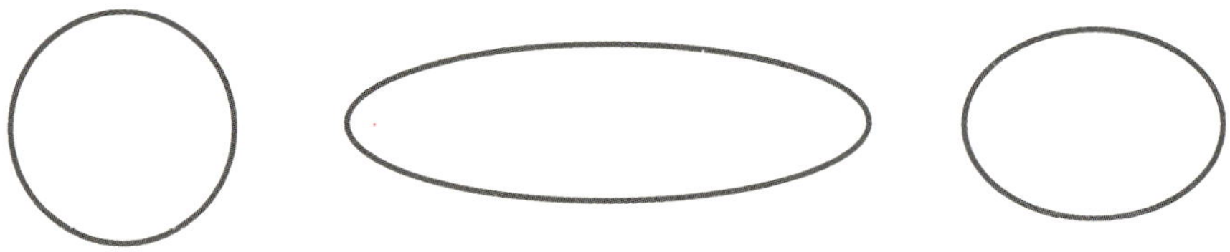

어느 모양이 어떻게 자른 것과 연결될까요?

누군가가 여러분에게 좋은 모양의 바나나를 왜 그렇게 이상한 방법으로 자르냐고 물어본다면, 여러분은 그들에게 발견한 것을 알려줄 수 있을 거에요.

또한 여러분은 이 실험이 기원전 3세기에 원뿔에 관한 내용을 다룬 The Conics- 원뿔곡선론-이라는 책을 쓴 아폴로니우스라는 그리스 수학자에 의해 처음 실행되었다고 말할 수 있을 거에요. 아폴로니우스가 바나나를 이용해도 좋았을 텐데....

아폴로니우스는 원뿔을 자르는 방법에 따라 그 단면이 원, 타원, 포물선, 쌍곡선 등이 된다는 것을 발견했어요.

만약 여러분이 -소닉 붐-항공기가 내는 폭발음을 들은 적이 있다면 여러분은 쌍곡선이 무엇을 할 수 있는지 알고 있을 것입니다. 소닉붐은 항공기가 발생시키는 충격파입니다. 그것들은 원뿔과 같은 모양을 갖고 있으며 그것이 지표면과 교차하는 지점에서 쌍곡선과 함께 엄청난 소리를 만들어 냅니다.

26 시와 과학

에이다(Augusta Ada Byron, 1815 ~ 1852)는 영국의 유명한 시인 바이런(George Gordon Byron)과 수학자인 어머니 안느(Anne Isabella Milbanke Byron) 사이에서 태어났습니다. 에이다는 러브레이스 경과 결혼하여 에이다 러브레이스로 더 알려져 있습니다.

에이다

그녀가 살았던 시대에는 과학에 필요한 재능과 시와 같은 창작적 예술에 연관된 능력 사이에는 뚜렷한 구분이 있다고 사람들은 생각했습니다. 과학과 시 사이의 이러한 대립은 고대로부터 비롯한 것으로 그리스의 철학자 플라톤까지 거슬러 올라 갑니다. 플라톤은 시에 대해 의심했으며, 시는 그 자체로는 진실을 전달하지 못하고 감정을 휘저어 인간으로 하여금 참 진리를 보지 못하도록 한다고 느꼈습니다.

플라톤

에이다가 그 시대에 남달랐던 것은 아마도 그녀 부모님의 영향 탓인 듯 합니다. 그녀의 정식 교육은 사실을 강조하는 전통적인 방식이었지만 아버지의 상상력은 지속적으로 영향을 미쳤습니다. 그녀의 수학 선생님은 수학을 공부하는 것이 에이다의 지나친 상상을 치료할 것이라고 생각했습니다. 그러나 에이다는 수학을 이해하기 위해 상상력을 이용해야 한다고 대답하곤 하였습니다.

에이다는 수학 교사였고 학생들에게 상상력을 발휘하라고 하였습니다. 그녀는 은유와 시각적 이미지를 강조하였고 학생들의 이해를 돕기 위해 색연필과 자, 콤파스(그 당시엔 저속한 도구들로 여겨졌던) 등을 이용해 그림을 그리도록 하였습니다.

그녀는 다음과 같이 썼습니다. "상상은 아주 탁월한 발견하는 능력이다. 그것은 우리를 둘러싼 보이지 않는 세상, 과학의 세상을 관통한다. 상상은 우리가 볼 수 없는 실재, 우리의 감각속에 존재하지 않는 것들을 느끼고 깨닫게 한다."

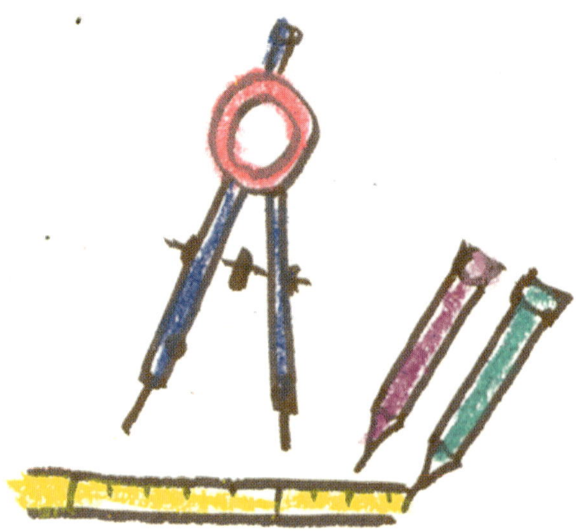

18세에 에이다는 찰스(Charles Babbage)를 만났는데 그는 당시 세계 최초의 컴퓨터를 개발하고 있었습니다. 그와 함께 일하는 것은 분석적인 능력과 상상력을 결합시키고자 하는 그녀의 꿈을 현실화하는 것이었습니다. 그녀는 어머니가 수학을 공부하게 했을 때처럼 의무에 의한 것이 아니라 기쁨으로 수학 연구에 몰입할 수 있었습니다.

에이다는 찰스의 발명을 대중에게 설명함으로써 컴퓨터 공학의 발전에 중요한 역할을 하였습니다. 그녀의 비망록에 의하면 에이다는 기계의 창의적 능력에 관한 은유와 기계 작동의 자세한 기술적 묘사를 결합시켜 컴퓨터의 유용성에 대한 통일된 비전을 창안해 내었습니다.

이 공적을 기리기 위해 근대의 한 컴퓨터 언어는 그녀의 이름을 따서 만들어 졌습니다.

통합적/다면적 사고

에이다라는 언어는 인공지능을 연구하기 위한 가장 세련된 언어 중에 하나이며 미국방부에 의해 사용 되고 있습니다. (출처: Ada, the Enchantress of Numbers by Betty Alexandra Toole)

이 글은 수학을 이해하기 위해 상상력을 이용하는 것에 관한 내용입니다. 여러분은 수학을 이해하는데 실제로 상상력이 도움이 된 경험이 있었습니까? 또, 플라톤의 시에 관한 견해에 동의하십니까?

27 경찰서에 더 가까이~

영희는 범죄에 관한 보고서를 쓰고 있습니다. 영희가 인터뷰한 사람들은 경찰서가 더 많은 곳에서는 범죄가 더 적게 발생할 것이라고 믿고 있었습니다. 또한 그들은 경찰서로부터 거리가 가까울수록 범죄가 덜 발생할 거라고 주장했습니다. 그러나 다른 사람들은 경찰서로부터의 거리가 범죄 발생 수에 있어서 중요한 요소가 아니라고 생각합니다.

영희는 이러한 주장들을 확인해 보기로 했습니다. 영희는 지역 경찰서를 방문해서 그 지역의 지난 몇 년 동안의 범죄 데이터를 얻었습니다. 그리고 절도에 초점을 맞추고 각각의 절도 행위가 경찰서로부터 얼마만큼 떨어져서 발생하는지를 알아보았습니다. 영희는 다음과 같은 표를 얻었습니다.

경찰서로부터 떨어진 블록수	블록당 일어난 범죄의 건수
1-5	13
5-10	14
10 이상	16

1. 주어진 정보로부터 경찰서로부터의 거리가 범죄의 총 건수와 어떠한 관련이 있는지 생각해 보세요. 물론 그 이유도 제시해 보세요.

2. 영희의 남동생 철수는 범죄율에 경찰서로부터의 거리 외에 다른 요소가 작용할 것이라고 생각했습니다. 표에서 범죄율의 차이를 가져올 수 있는 다른 세 가지의 요소를 더 작성해 보세요.

통합적/다면적 사고

28 수송작전

늑대, 염소, 양배추를 보트로 강 건너에 수송해야 한다고 합니다. 한 번 건널 때 그들 중 오직 하나만 태울 수 있습니다. 늑대와 염소만 강 같은 편에 남겨 둘 수 없습니다. 또한 염소와 양배추만 강 같은 편에 남겨 둘 수 없습니다. 최소한의 이동으로, 늑대와 염소, 양배추를 강 건너편에 수송할 방법을 생각해 보고 설명하세요.

29 혼합 땅콩

수연이는 혼합 땅콩을 무척 좋아합니다. 그러나 지금 집에 있는 것이라곤 그냥 땅콩 한 봉지와 아몬드 한 봉지뿐입니다. 그래서 그녀는 빈 통에 아몬드 한 봉지를 다 부어 넣고 땅콩 한 봉지를 그 위에 부어 넣었습니다. 모두 다 넣고 나서도 통에 꽉 차지 않고 공간이 남아 있었습니다.

수연이는 뚜껑을 닫고 TV를 보는 동안 통을 위 아래로 흔들었습니다. 몇 분이 지나고 수연이는 순간 땅콩과 아몬드가 전혀 섞이지 않았으며, 이제는 처음과 달리 아몬드가 위에 있다는 것을 깨달았습니다. 아몬드가 훨씬 크고 무거움에도 불구하고 어떻게 아몬드가 위로 올라올 수 있었을까요? 사실 이러한 현상은 씨리얼 상자와 감자튀김 봉지에서도 발견할 수 있습니다. 어떻게 이런 일이 일어날 수 있을까요?

30 피자의 조건

피자 가게의 메뉴판이 다음과 같습니다. 어느 피자를 선택하는 것이 가장 좋을까요? 모든 피자는 원형이고 선택 기준은 가격입니다.

종류	지름	가격
대	20inch	21,000원
중	14inch	12,600원
소	12inch	8500원
1인분	10inch	6800원

31 Bridge-it!

다음 색다른 게임은 브라운 대학의 수학 교수 David Gale이 만들었고, Bridge-it이라는 이름으로 판매되고 있습니다. 여러 크기의 판에서 게임할 수 있습니다. 여기에서 다루는 버전은 종이와 색이 다른 연필 두 개만 있으면 할 수 있는 것입니다.

빨간 연필과 까만 연필을 쓴다고 가정해 봅니다. 그림1처럼, 까만 연필로 점을 12개 찍어 직사각형을 만듭니다. 그 다음 그림2처럼 빨간 연필로 12개의 점을 찍습니다. (그림에서 빨간 점은 빗금 친 점으로 나타내었습니다.) 그림2를 판으로 하고 게임을 시작합니다.

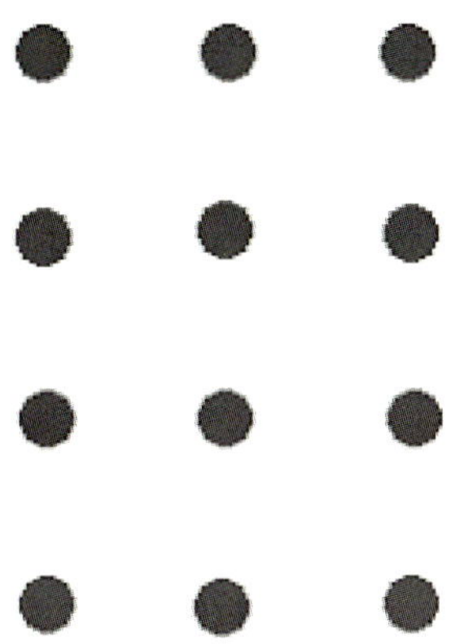

1

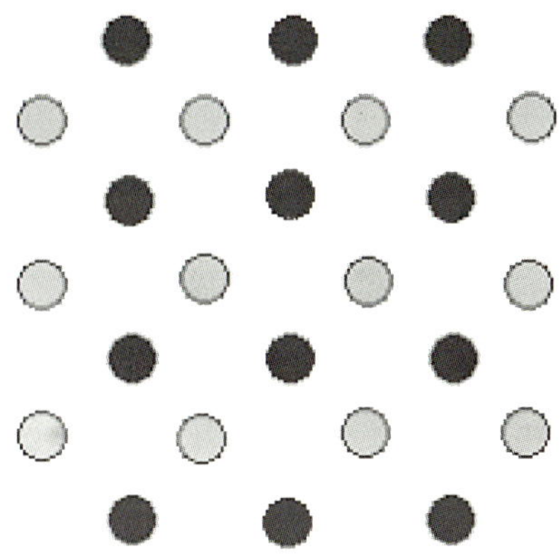

2

한 사람은 까만 연필을 사용하고, 상대편이 빨간 연필을 사용합니다. 시작하는 사람은 자기 색깔의 점 두 개를 수직이나 수평으로 선을 그어 잇습니다. 상대편도 이렇게 자기 색의 점 두 개를 잇습니다. 번갈아 가면서 점들을 이어, 까만 편은 맨 위에서 맨 아래까지 줄을, 빨간 편은 맨 왼쪽에서 맨 오른쪽까지 줄을 만드는 것이 목표입니다; 위 아래(빨간 편은 양 옆)가 연결되기만 하면 줄이 어떻게 꺾이든 상관없습니다. 각자 자신의 선으로 상대편의 진로를 막기도 합니다. 이런 줄을 먼저 만드는 사람이 이깁니다.

가능한 게임의 결과가 그림3에 나와 있습니다. 빨간 편(빗금선)이 이겼습니다. 이 게임에서 두 사람은 무승부가 되지 못합니다. 이성적으로 게임 한다면, 시작한 사람이 이길까요, 두 번째로 한 사람이 이길까요?

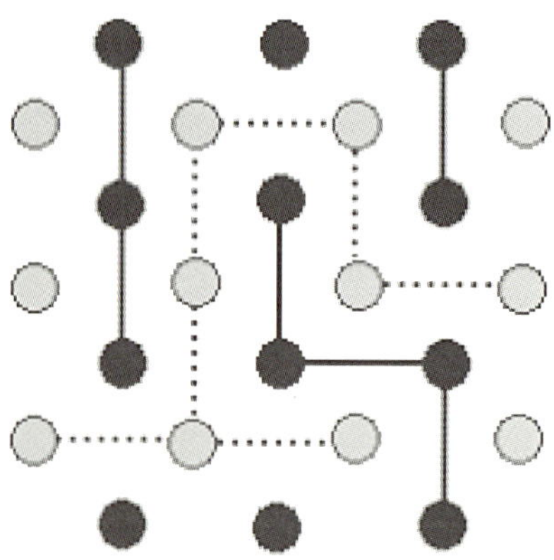

3

32 개성 상인과 인삼

고려 · 조선시대에 앞선 상술로 하나의 세력권을 이루었던 개성상인이 있었습니다. 이때 송악 근처 예성강 입구의 벽란도(碧瀾渡)는 국제무역항의 구실을 하였는데, 근처의 "송악"도 일국의 수도로서, 외국사신의 빈번한 왕래에 의한 공무역(公貿易)과 외국상인에 의한 사무역(私貿易)이 번창하여 상업도시로

서도 발달하였습니다. 봄이 되면 상인들은 벽란도로 가기 위해 송악 근처인 박달재로 모이곤 했습니다.

4월이 되면 땅이 마르기 시작해 벽란도로 출발했는데, 비가 오는 날은 길이 진흙투성이가 되고 준비한 인삼이 비를 맞을 수도 있어 곤란을 겪었습니다.

예성강 입구로 가는 주요 경로에는 신용리 길, 고비언덕 길, 풍류골 길 등이 있었습니다. 제법 큰 규모의 송상 중 하나인 현명단의 고참은 세 가지 길에 내렸던 비에 대해 수 년 동안 다양한 사람들로부터 얘기를 들어 왔습니다. 고참은 다음과 같은 표를 만들었습니다. 해당 길의 각 행은 서로 다른 해입니다.

통합적/다면적 사고

신용리 길	고비언덕 길	풍류골 길
이름	이름	이름
비가 온 날(일)	비가 온 날(일)	비가 온 날(일)
순돌	돌이	옥이
24	18	42
주모	복길	방자
3	16	9
홍이	순이	몽룡
21	13	11
향단	개똥	꽃님
5	14	10
달래	이쁜이	무명
23	19	12
		홍단
		13

저녁 때 토론이 벌어졌습니다. 구성원들은 같은 자료를 보고 있었지만 어떤 길이 가장 이동하기 쉬울지에 대해 합의 하지 못하고 있었습니다. 물론, 가장 마른 길이 여행 경로를 택하는 유일한 기준은 아닙니다.

만약 당신이 이동 경로에 대해 결정을 내려야 한다면 세 가지 길 중 어떤 길을 택하겠습니까? 이유는 무엇입니까? 또 당신이 선택하지 않은 두 길이 선택될 수 도 있는 합리적인 이유를 제시해 보세요.

33 러시아 농부의 곱셈

러시아 농부들은 두 수를 곱하기 위해 좀 이상하고 원시적이기까지 한 방법을 사용했습니다. 사실 꽤 간단하지만 약간은 귀찮습니다. 그것에 대해 같이 알아 봅시다.

43×92를 계산하는 문제를 생각해 봅시다.

곱의 두 수를 두 열로 적어 봅시다. 한 열은 각 수를 2배 한 수들을 다음 줄에 적고, 반면 다른 열은 그 수를 반으로 나누어 나머지는 버린 수들로 이루어져 있습니다.

통합적/다면적 사고

첫 번째 열은 2배씩 하는 열, 두 번째 열은 1/2배씩 하는 열입니다. 23(두 번째 열에서 3번째 수)과 같은 홀수를 1/2배 하면, 나머지 1과 11이 나오는데 간단하게 1은 버립니다. "1/2배"줄에 있는 숫자가 1이 될 때 과정은 끝납니다.

2배	1/2배
43	92◇
86	46◇
172	23
344	11◇
688	5◇
1,376	2◇
2,752	1◇

1/2배 열에서(오른쪽 열) 홀수들을 찾고, 2배 열(왼쪽 열)에서 그 짝이 되는 수들의 합을 구합니다. 이들을 두꺼운 글씨체로 강조했습니다. 왼쪽 열의 모든 볼드 체의 숫자들의 합이 원래 구하고자 하는 43과 92의 곱입니다.

러시아 농부의 방법으로 43×92=172+344+688+2,752 =3,956을 구할 수 있는 것입니다. 또한 1/2배 열을 첫 번째 열로, 2배 열을 두 번째 열로 하여 러시아 농부의 방법을 쓸 수도 있습니다.

1/2배	2배
◇43	92
◇21	184
◇10	368
◇5	736
◇2	1,472
◇1	2,944

곱셈을 하기 위해 1/2배 열에서 홀수들을 찾고, 두 번째 열(이제, 2배 열)에서 그 짝이 되는 수들의 합을 구합니다.

그러면 $43 \times 92 = 92 + 184 + 736 + 2,944 = 3,956$이 얻어 집니다!

아마 러시아 농부의 방법을 모방한 복잡한 방법으로 곱을 하지 않을 것입니다. 그러나 산수의 원시적인 체계가 어떻게 작용하는지 알아 보는 것은 유익하고 재미있습니다.

다음을 한 번 살펴 볼까요?

◇ $43 \times 92 = (21 \times 2 + 1)(92) = 21 \times 184 + 92$

$= 3{,}956$

◇ $21 \times 184 = (10 \times 2 + 1)(184)$

$= 10 \times 368 + 184 = 3{,}864$

$10 \times 368 = (5 \times 2 + 0)(368) = 5 \times 736 + 0$

$= 3{,}680$

◇ $5 \times 736 = (2 \times 2 + 1)(736) = 2 \times 1{,}477 + 736$

$= 3{,}680$

$2 \times 1{,}472 = (1 \times 2 + 0)(1{,}472) = 1 \times 2{,}944 + 0$

$= 2{,}944$

◇ $1 \times 2{,}944 = (0 \times 2 + 1)(2{,}944) = 0 + 2{,}944$

$= 2{,}944$

통합적/다면적 사고

2진법과 유사하게 보이는 것들에 대해, 러시아 농부의 방법은 다름과 같이 설명합니다

$(43)\times(92)$

$=(1\times2\times2\times2\times2\times2+0\times2\times2\times2\times2+1\times2\times2\times2+0\times2\times2+1\times2+1\times1)\times(92)$

$=1\times92+2\times92+2\times2\times2\times92+2\times2\times2\times2\times2\times92$

$=92+184+736+2,944$

$=3,956$

러시아 농부의 곱셈 방법에 대해 논의한 것을 모두 이해하지 못한다 해도, 적어도 학교에서 배운 일반적인 곱셈 계산에 대해 더 소중함을 느껴야 합니다. 비록 오늘날 많은 사람들이 계산기를 이용하지만 말입니다. 다른 곱셈 연산 법들도 많지만, 여기에서 보여준 것은 아마 가장 이상한 방법 중 하나이고, 그 이상함을 통해 그런 연산을 만들어 내는 수학의 무 모순성의 진가를 인정할 수 있겠다 하겠습니다.

예시 답안

예시 답안

1 누가 거짓말을 할까요?

다음과 같은 표를 만들어 봅시다.

	월	화	수	목	금	토	일
현우	참	참	참	참	거짓	거짓	거짓
정수	참	거짓	거짓	거짓	참	참	참

오늘이 월요일이라 가정해 봅시다. 두 명 모두 월요일에는 진실을 말하므로 어제 거짓말을 했다는 이야기는 참입니다. 그러나 어제는 일요일이고 일요일에는 현우만 거짓을 말하고 정수는 진실을 말합니다. 따라서 정수의 말이 틀렸습니다. 즉, 오늘은 월요일이 아님을 알 수 있습니다.

이번엔 오늘이 화요일이라 가정해 봅시다. 현우는 월요일에 진실을 말하므로 어제 거짓말을 했다는 말은 참이어야 합니다. 그런데 어제는 월요일이고 현우는 월요일에 진실만을 말합니다. 따라서 오늘은 화요일이 될 수 없습니다.

계속해서 다른 요일에도 이처럼 생각해 보면, 모든 요일에서 모순이 생기지만 금요일에는 모순이 생기지 않습니다.

현우는 금요일에 거짓을 말하므로 어제 거짓말을 했다는 진술은 틀린 것입니다. 어제는 목요일이고 현우는 진실을 말했으므로 이것은 모순이 없습니다. 정수의 경우, 금요일에 진실을 말하므로 어제 거짓말을 했다는 것은 참이고 어제는 목요일이므로 여기에는 모순이 없습니다. 따라서 오늘은 금요일입니다.

2 영희의 호두과자

영희는 집으로 오는 도중에 세 번이나 사람들을 만났는데, 그 때마다 영희는 가지고 있던 호두 과자의 반과 2개를 더 주었습니다. 영희가 집에 도착했을 때, 단지 두 개의 호두 과자 밖에 남아 있지 않았습니다.

만약 최초에 영희에게 100개의 호두 과자가 있었으면 어땠을까 라고 한번 생각해 봅시다. 첫 번째 사람은 50개를 덜어내고 그리고 2개를 더 덜어냅니다. 영희는 48개의 호두 과자를 갖고 있게 됩니다. 두 번째 사람은 호두 과자 24개와

2개를 더 덜어 냅니다. 그러면 영희는 22개의 호두 과자를 갖게 됩니다. 세 번째 사람은 호두 과자 11개와 2개를 더 가져갈 것이기에 영희에게는 9개의 호두 과자가 남게 됩니다. 너무 많은 호두 과자가 남았습니다!

식탁 위의 컵에 콩이 담겨있다면 그 콩들을 식탁 위에 쏟아 보세요. 아래 2개의 콩은 영희에게 최종적으로 남아 있었던 2개의 호두 과자를 의미합니다.

세 번째 사람인 수영이가 두 개를 더 가져 갔기에 영희에게 남아 있던 호두 과자에 두 개의 호두 과자를 더하는 의미로 콩 두 개를 첨가합니다. 이제 콩 4개가 있습니다.

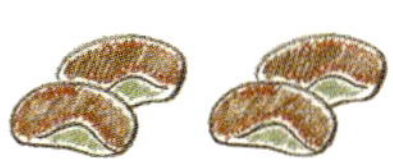

그러나 이것이 수영이가 반을 가져 간 후 남아 있는 양이기에 콩을 두 배로 만들어 8개의 콩을 만듭니다. 즉 영희는 파도타기 선수들을 만난 이후에 8개의 호두 과자를 가지고 있었던 것입니다.

파도타기 선수들이 두 개의 호두 과자를 가져 갔기에 콩 두 개를 첨가 합니다. 이제 영희는 10개의 호두 과자를 가지고 있습니다. 이것은 파도타기 선수들이 영희의 호두 과자 중 반을 가져 가고 남은 결과입니다

그래서 파도타기 선수들을 만나기 전에는 20개의 호두 과자를 가지고 있었음을 알 수 있습니다.

가난한 사람들에게 2개의 호두 과자를 주었으므로 콩 두 개를 첨가합니다. 그러면 영희는 22개의 호두 과자를 가지고 있는 것입니다.

그리고 마지막으로 이 값을 두 배 하면 총 콩의 개수는 44개가 됩니다.

예시 답안

콩으로 호두 과자를 표현한 것을 확인해 보면 영희는 최초에 44개의 호두 과자를 가지고 있었음을 알 수 있습니다. 즉, 숫자로 나타내면 44 → 22 → 20 → 10 → 8 → 4 → 2가 됩니다. 영희는 너무 감정적인 사람인 것 같습니다!

만약 영희에게 최종적으로 5개의 호두 과자가 남아 있었다면 어땠을까요? 초기에 영희에게는 얼마나 많은 호두 과자가 있었던 걸까요? 또 영희가 만난 각각의 사람들에게 호두 과자의 $\frac{1}{3}$과 세 개의 호두 과자를 더 주었다면 어땠을까요? 영희가 집에 오는 동안 더 많은 사람을 만났다면 어땠을까요?

3 신기한 마술

동전을 던진 후 마술사는 앞면인 동전이 홀수인지 짝수인지 기억합니다. 지원자가 두 개의 동전을 뒤집을 때, 앞면인 동전의 수는 두 개가 늘거나, 두 개가 줄거나, 바뀌지 않고 그대로 있습니다. 이 세 가지 경우에서 앞면인 동전의 수가 홀수인지 짝수인지는 변하지 않습니다. 지원자가 동전 위에 손을 얹으면 마술사는 테이블을 보고 앞면 동전이 몇 개 있는지 확인합니다. 이 때의 홀수인지 짝수인지가 돌아서기 전 처음 봤던 앞면 동전들과 같으면 손으로 가려진 동전은 뒷면이고, 다르다면 가려진 동전은 앞면입니다.

지원자에게 여러 쌍의 동전을 뒤집으라고 하면 마술이 더 어려워 보이지만 결과는 마찬가지입니다.

4 부자 만들기

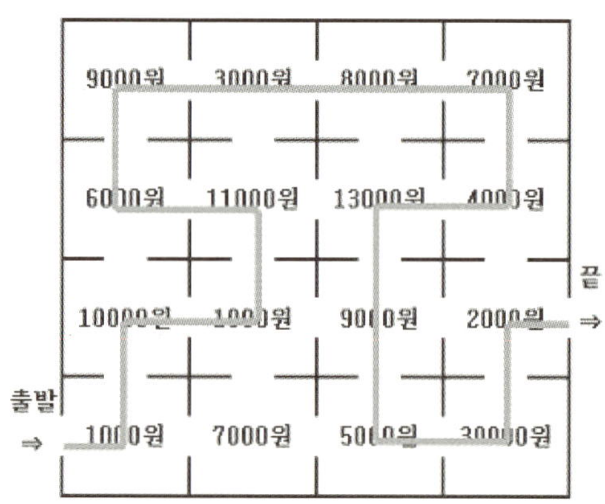

그림 1

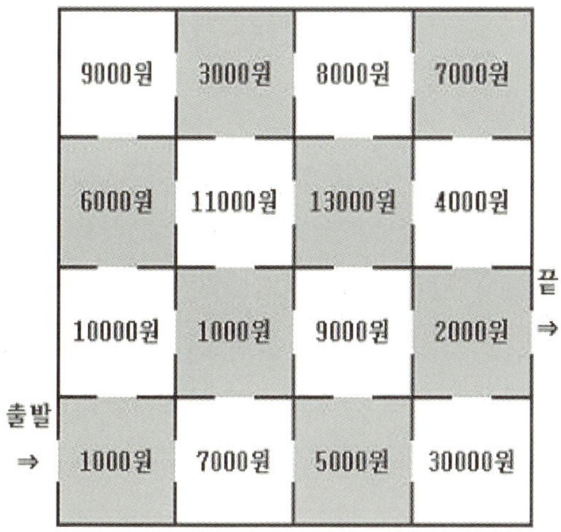

그림 2

그림 2에서처럼 사각형들을 어둡게 칠했는데, 길은 반드시 어두운 부분, 그렇지 않은 부분, 어두운 부분 등의 순으로 지나가야 합니다.

시작점과 도착점이 색칠된 사각형에 있다는 것은 적어도 색칠되지 않은 사각형 하나는 길에 포함될 수 없음을 말합니다. 색칠되지 않은 사각형(4000원)을 제외하면, 색칠된 사각형(7000원)또한 제외해야 하고, 실제 다른 색칠되지 않은 사각형을 제외하더라도 최소한 11000원은 포기해야 합니다. 그러므로, 포기할 수 있는 최소한의 액수는 7000원이고, 모을 수 있는 최대한의 액수는 119000원 입니다.

5 고리고리

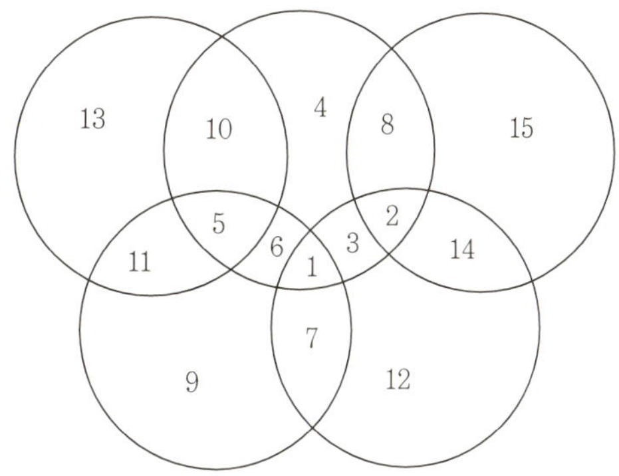

6 체커판 만들기

체커판에서 반대편의 모서리 칸은 색깔이 같습니다. 예를 들어 둘 다 검정색이라고 합시다. 이 둘을 없애면, 32개의 흰색 칸과 30개의 검정색 칸이 남습니다. 2×1의 조각은 한 개의 흰색 칸과 한 개의 검정색 칸을 덮으므로, 31개의 조각은 모서리 칸 두 개를 뺀 나머지 칸을 모두 덮지 못합니다.

7 민지의 이상형

[1]에서 세 사람은 키가 크고, 한 명은 그렇지 않다고 했습니다. 그리고 [4]에서

예시 답안

민우와 혜성이는 둘 다 키가 크다고 했습니다. [5]에 의해 진수는 키가 크지 않습니다.

[2]에서 진수는 적어도 하나의 요구하는 특징을 가지고 있어야 합니다; 그는 키가 크지 않으므로 거무스름해야 합니다(민지의 이상형만 잘 생겼고, 그는 거무스름하기도 합니다.).

[1]에서 오직 두 사람만 거무스름하다고 했습니다. [3]에 의해 에릭과 민우는 둘 다 거무스름할 수 있고, 그렇지 않을 수도 있습니다. 진수가 거무스름하기 때문에, 에릭과 민우는 둘 다 거무스름하지 않습니다. 그렇지 않으면, 세 사람이 거무스름하게 됩니다. [1]에 의해 진수가 거무스름하므로, 혜성이가 거무스름해야 합니다. 따라서 혜성이가 민지의 이상형입니다.

8 거짓말쟁이 원주민은?

선교사가 키 큰 원주민에게 진실을 말하는 자냐고 물었을 때의 대답 “Ooof”는 “예”를 뜻할 수밖에 없습니다. 키 큰 원주민이 진실을 말하는 자였으면 그는 사실대로 예라고 답했을 것이고, 그가 거짓말쟁이였으면 거짓말을 하여 역시 예라고 답했을 것입니다.

따라서 키 작은 원주민이 선교사에게 “Ooof”가 예를 뜻한다고 말할 때는 사실을 말하는 것입니다. 그러므로 옆의 원주민이 거짓말쟁이라고 말한 것도 사실입니다.

결론: 키가 큰 원주민은 거짓말쟁이고, 키 작은 원주민은 사실을 말하는 사람입니다.

9 오래된 토스터기

식빵 세 개의 양쪽을 모두 3분만에 굽는 것은 쉽습니다. 세 개를 각각 A, B,

C라 하고 양 면을 1면과 2면으로 하고 다음과 같은 방법을 쓰면 됩니다.

1분: A1과 B1을 구운 후, A는 빼내고 B는 돌려서 다시 넣고, C를 새로 넣습니다.

2분: B2와 C1을 구운 후, B는 빼내고(양쪽 모두 구워졌습니다.) C를 돌려서 다시 넣고, A를 다시 넣습니다.

3분: A2와 C2를 구우면 모든 식빵 양쪽이 구워집니다.

10 넥타이 맨!

미스터 브라운은 검은색 넥타이를 했습니다.

미스터 블랙은 녹색 넥타이를 했습니다.

미스터 그린은 갈색 넥타이를 했습니다.

미스터 브라운은 자신의 이름과 색이 같은 갈색 넥타이를 하지 않았습니다. 그에게 질문한 사람은 녹색 넥타이를 했으므로 미스터 브라운은 녹색 넥타이도 아닙니다.

따라서, 미스터 브라운의 넥타이 색은 검은색이어야 합니다. 남은 녹색과 갈색 넥타이는 각각 미스터 블랙과 미스터 그린이 했습니다.

11 추리

Ⅰ과 Ⅲ은 둘 다 거짓일 수 없기 때문에, 숫자는 1이거나 3이어야 합니다. 따라서 Ⅰ과 Ⅲ 둘 중 하나가 거짓 문장입니다. 그러므로 Ⅱ와 Ⅳ는 참이어야 하고, (C)는 반드시 옳게 됩니다. 이와 같은 이유로, (E)는 분명히 틀렸습니다. 자릿수가 1이라면 (B)와 (D)가 옳지 않고, 자릿수가 3이라면 (A)가 옳지 않습니다.

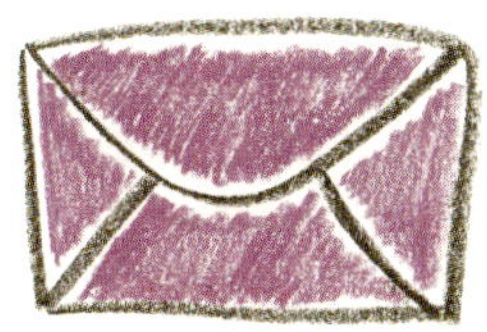

예시 답안

12 컵이 든 쟁반

구멍 F에 있는 컵을 들어 담겨 있는 물을 구멍 H의 컵에 부으세요. 그리고 빈 컵을 구멍 B에 옮겨놓으세요. 그러면 균형이 잡히게 됩니다.

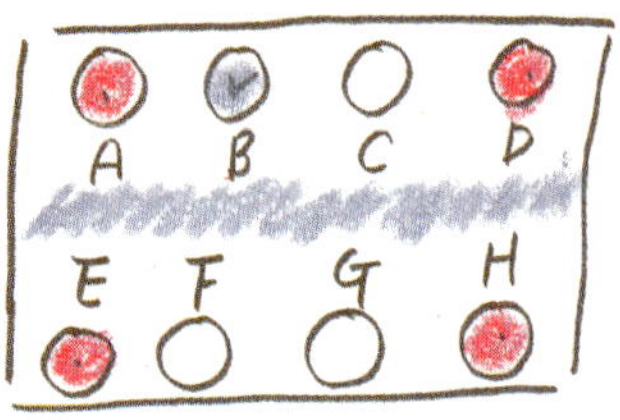

13 오각형을 찾아라!

평면을 잘 보면 그림처럼 네 개의 오각형이 꼭지점을 맞대고 모여 있는 것을 알 수 있습니다. 9개의 단위 사각형만큼의 면적에서 정사각형의 부분을 제외하고 남는 것의 비율이 구하려는 값이 됩니다. 따라서 1-4/9=5/9=55.54…이므로 약 56(%)입니다.

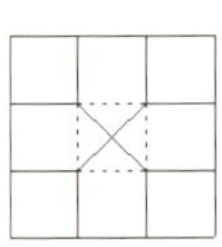

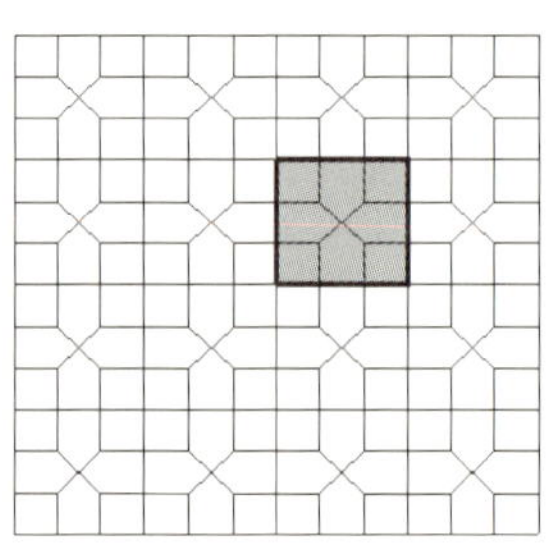

14 똑똑한 주방장

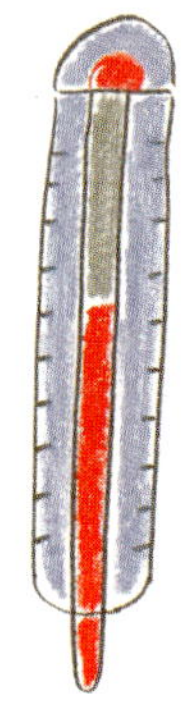

1.a. −3+(+5)=+2 이기에 결국 솥의 온도를 2° 올리게 됩니다.

1.b. +5−(−4)=+9 이기에 결국 솥의 온도를 9° 올리게 됩니다.

1.c. +2×(−6)=−12 이기에 결국 솥의 온도를 12° 내리게 됩니다.

1.d. −4×(+7)=−28 이기에 결국 솥의 온도를 28° 내리게 됩니다.

1.e. −3×(−6)=+18 이기에 결국 솥의 온도를 18° 올리게 됩니다.

2.a. 4개의 뜨거운 상자를 넣고 그 이후에 차가운 상자 3개를 솥으로부터 꺼냅니다. 그러면 결국 솥의 온도는 7° 가 올라가게 됩니다.

2.b. 차가운 상자 6개를 넣고 그 이후에 차가운 상자 4개를 솥에 더 넣습니다. 그러면 결국 솥의 온도는 10° 가 내려가게 됩니다.

2.c. 한 묶음이 10개의 차가운 상자로 이루어진 상자 5묶음을 솥으로부터 꺼냅니다. 그러면 결국 솥의 온도는 50° 가 올라가게 됩니다.

2.d. 한 묶음이 4개의 뜨거운 상자로

이루어진 상자 8묶음을 솥으로부터 꺼냅니다. 그러면 결국 솥의 온도는 32° 가 내려가게 됩니다.

15 함께 가요!

1. 6×12×3=216
   총 216리터의 물이 필요합니다.
2. 첫 번째 방법은 다음과 같습니다. 여행자 한 명이 추가됨으로써 한 사람당 216/13=16.6 리터의 물을 사용할 수 있습니다. 그리고 하루당 16.6/6=2.8 리터의 물을 한 사람이 사용할 수 있습니다.
   두 번째 방법으로 풀어 보면 하루당 12×3=36 리터의 물을 사용할 수 있는데 여행자가 추가되면 한 사람당 하루에 36/13=2.8 리터의 물을 사용할 수 있습니다.
3. 위의 예로부터 총 인원이 적을 때가 많을 때보다 한 명의 여행자를 추가함으로써 받는 영향이 크다는 것을 알 수 있습니다.

문제 2번의 풀이 중 첫 번째 방법으로 푼 사람은 $\frac{18x}{x+1} \div 6$의 식을 얻고, 두 번째 방법으로 푼 사람은 $\frac{3x}{x+1}$을 얻게 됩니다.

16 과속은 절대 금지!!!

카레이서는 두 시간 동안 140km을 여행하였는데, 이는 한 시간에 평균 70km을 이동한 것입니다. 어떤 시점에 당신은 최소한 한 시간에 70km의 속력으로 이동했어야만 합니다 (그렇지 않다면 평균 속도는 더 낮을 것입니다). 따라서, 카레이서는 유료 도로를 사용하는 동안 어느 시점에서 제한 속력보다 최소한 5 km/h 높게 운전한 것입니다.

예시 답안

17 난 코코아가 너무 좋아!

매번 액체의 반을 마셨기 때문에 그 혼합물 속의 핫 초콜릿도 반씩 줄게 됩니다. 그러므로 반 컵씩 5번 마실 때, 초콜릿을 먹는 양은 각각 1/2, 1/4, 1/8, 1/16, 1/32씩 입니다. 매번 핫 초콜릿을 반씩 먹었으므로, 남아있는 초콜릿 양은 1/32입니다.

18 농부의 유언

농부가 처음 N마리의 양을 갖고 있었다고 가정합시다.

유언장에서처럼 N+1마리의 양들을 나누었을 때 1마리가 남는다면,

$$\frac{N+1}{3}+\frac{N+1}{4}+\frac{2(N+1)}{5}=N$$

분수들을 더하면

$$\frac{59(N+1)}{60}=N$$

따라서, N=59가 됩니다.

19 박물관 지키기

다음과 같은 곳에 경비들을 위치시킬 수 있습니다.

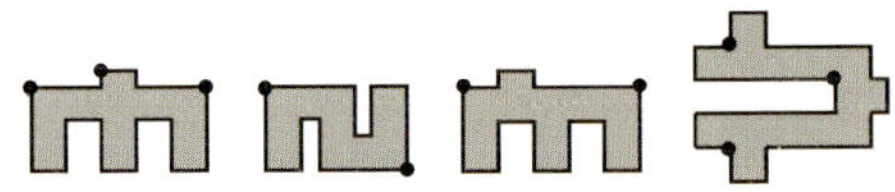

여기에는 몇 가지 방법이 있습니다. 숫자 3과 같이 생긴 박물관에는 최소 3명의 경비가 필요합니다. 숫자 2와 같이 생긴 박물관에는 오직 2명의 경비만이 필요합니다.

20 동글 둥글 댕글

다음 그림은 다양한 답을 보여 줍니다. 원래 그려져 있던 3개의 원들은 각각 4번째 원에 외접하거나 내접할 수 있습니

다. 이것으로 2 × 2 × 2 = 8가지 원의 배열을 만들 수 있습니다.

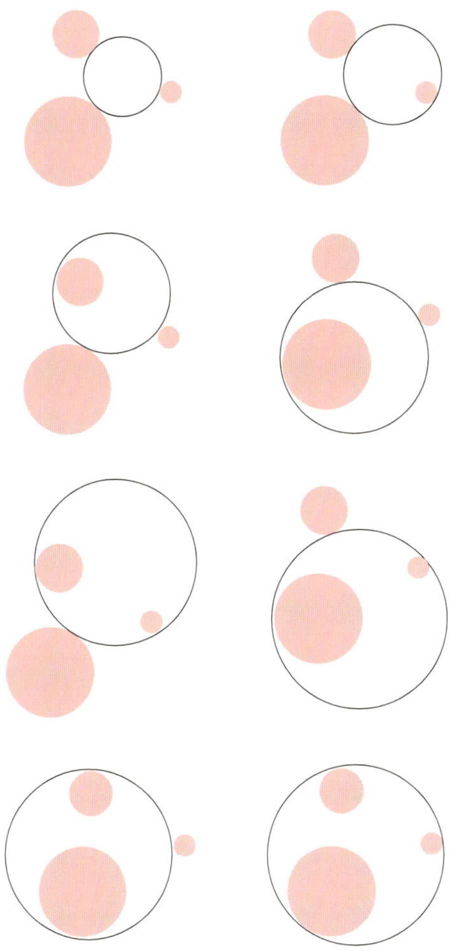

21 상자속으로!!!

이 문제를 풀기 위해선, 육면체를 만들어서 그림에서 보는 것과 같은 방법으로 정확히 문자들을 배열하면 됩니다. 이 방법을 이용하면 그저 보기만 해도 문제의 답을 찾을 수 있습니다. 자세히 보면, 6개의 서로 다른 문자들이 있고, 어떠한 두 면에 같은 문자가 쓰여 있지 않음을 알 수 있습니다. '다'를 수직으로 정렬시킨다면, '가' 또는 '마'가 윗면이 될 것임을 알 수 있습니다. 그러므로, '마'가 '가'의 맞은 편에 있습니다. 그런데 '다'를 '사'로 바꾸면 어떻게 될까요?

22 5조각 만들기

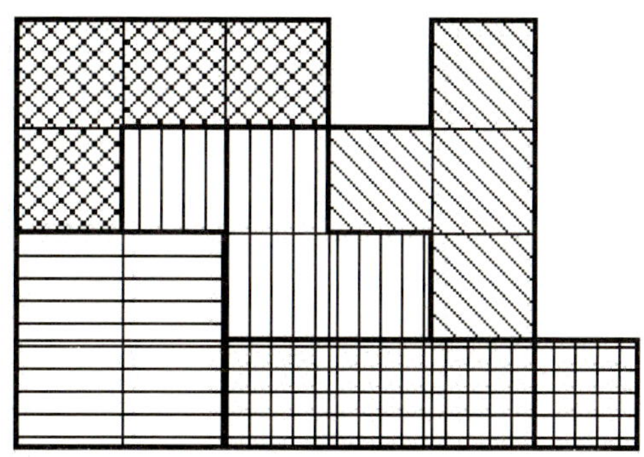

23 해마의 무늬

예시 답안

해마가 똑같이 겹치도록 두 번째 원을 첫 번째 원 위에 올려놓습니다. 해마는 두 원의 공통 부분에 들어 있고, 두 번째 해마의 무늬는 첫 번째 원의 중심점에 있게 됩니다.

두 원의 겹치지 않는 부분들은 서로 합동입니다. 두 번째 원의 겹치지 않는 부분을 잘라 내어 첫 번째 원의 공통이 아닌 부분 위에 겹쳐놓습니다. 그러면 반지름을 똑같이 유지한 새 원이 완성되고, 두 번째 해마의 무늬는 원의 중심점에 옵니다.

27 경찰서에 더 가까이~

1. 표로부터 범죄의 건수는 경찰서로부터의 거리가 증가함에 따라 증가함을 알 수 있습니다.
2. 범죄율에 영향을 미치는 다른 요소로는 가로등의 개수, 범죄를 일으킬 수 있는 활동의 유무, 죄에 대한 사람들의 관심 등을 들 수 있습니다.

28 수송작전

먼저 염소를 태워 강 건너편으로 갑니다. 다시 돌아가서 양배추를 가져옵니다. 그것을 강 건너에 갖다 놓고, 다시 염소를 태우고 옵니다. 염소를 남겨 두고, 늑대를 강 건너편으로 데려 갑니다.

늑대와 양배추를 남겨 두고, 염소를 태우기 위해 다시 돌아갑니다. 염소를 태워 이동합니다. 모두 7번의 이동이 필요합니다.

29 혼합 땅콩

매번 통이 위아래로 흔들릴 때마다 여러 공간 사이로 아몬드가 올라오고 모든 아몬드 사이에 작은 공간이 생깁니다. 너무 작아서 아몬드가 들어갈 수 없는 이 공간에 대신 땅콩이 통과하여 이런 결과를 낳게 됩니다. 결과적으로 모든 땅콩은 통 밑에 자리 잡게 됩니다.

30 피자의 조건

피자의 두께가 모두 동일하고 종류도 같다면 피자의 무게는 면적에 비례할 것입니다. 따라서 각 피자의 1000원당 면적을 구해 보기로 합니다.

종류	반지름	면적	면적/1000원
대	10inch	100π (inches^2)	14.95 (inches^2/1000원)
중	7inch	49π (inches^2)	12.21 (inches^2/1000원)
소	6inch	36π (inches^2)	13.30 (inches^2/1000원)
1인분	5inch	25π (inches^2)	11.54 (inches^2/1000원)

표에서 알 수 있는 것처럼 대형 피자를 선택하는 것이 가장 유리합니다. 그러나 놀라운 사실은 소형 피자가 중형 피자보다 가격 면에서 유리하다는 것입니다. 이 외에도 피자를 선택할 때에는 다양한 기준이 있을 수 있습니다.

31 Bridge-it!

시작하는 사람이 첫 차례에서 제대로 선을 그으면 이깁니다. 판 중앙에 가장 가까운 점 두 개를 잇거나 하는 등입니다. 첫 차례에서 다른 곳에 선을 그어도 되지만, 여기에 모두 설명하기에는 그 다음 과정들이 너무 많아 생략하겠습니다. 앞에서 말한 대로 하고 신중하게 게임 한

예시 답안

다면 시작한 사람이 이기게 됩니다. 판의 크기와 상관없이 시작한 사람이 항상 이길 수 있다는 것을 증명할 수 있는 지 한번 생각해 보세요.

32 개성 상인과 인삼

각각의 길을 선택할 만한 다양한 이유가 있을 수 있습니다. 다음은 예시에 불과합니다.

고비 언덕 길은 거의 일관되게 비가 내립니다. 가장 예측하기가 쉽습니다.

신용리 길은 비가 온 날(일)의 평균값이 가장 적습니다. 또 표에서 가장 비가 적게 오는 해를 포함하고 있습니다.

풍류골 길의 경우, 첫 번째 행을 제외한다면 비가 온 날 수의 평균값은 가장 낮아지고 가장 여유있는 경로가 됩니다.

위 문제에서 분명히 인지해야 하는 것은 평균이 의사 결정에 있어서 가장 좋은 수단은 아니라는 것입니다.

Mobile Math Project

Mobile Math Project와 공저자 · 컨설팅 계약을 체결한 학자들은 다음을 포함합니다.

· **홍가이 교수**
미시간 대학교(앤아버) 수학/물리학 전공,
이태리 우르비노 대학 기호언어학 전공,
철학박사(M.I.T.), 前 이화여대, M.I.T. 문학부 교수

· **노우드 교수**
수학교육학박사, 템플대

· **밴맨아헴 박사**
물리학박사, 스탠포드대

Email : eMath@mit.edu, eMath7@gmail.com

괴델 · 비트겐슈타인 논술 시리즈
초등학생을 위한 수리논술 탐구

1판 1쇄 인쇄 2007년 6월 11일
1판 1쇄 발행 2007년 6월 18일

지 은 이 | 홍가이, 노우드, 밴맨아헴
편집위원 | 박노관
교정위원 | 오응석, 조호영
발 행 인 | 홍석우
펴 낸 곳 | 탐구당

서울특별시 용산구 한강로1가 158번지
등 록 | 1950. 11. 1 서울 제 03-00993호
전 화 | (02) 3785-2211~5
팩 스 | (02) 3785-2272
홈페이지 | www.tamgudang.co.kr